你的创意

价值百万

金牌策划人
创意变现的诀窍

王凤奎 著

国际文化出版公司
·北京·

图书在版编目（CIP）数据

你的创意价值百万 ：金牌策划人创意变现的诀窍 ／
王凤奎著 . — 北京 ：国际文化出版公司，2020.8
ISBN 978-7-5125-1215-3

Ⅰ．①你… Ⅱ．①王… Ⅲ．①营销策划 Ⅳ．
① F713.50

中国版本图书馆 CIP 数据核字（2020）第 097923 号

北京市版权局著作权合同登记号 图字：01-2020-3165 号
本书通过四川一览文化传播广告有限公司代理，经捷径文化出版事
业有限公司授权出版

你的创意价值百万：金牌策划人创意变现的诀窍

作　　者	王凤奎	
责任编辑	宋亚姮	
统筹监制	胡　峰	
策划编辑	王敬波	
美术编辑	孙雨芹	
出版发行	国际文化出版公司	
经　　销	全国新华书店	
印　　刷	北京柯蓝博泰印务有限公司	
开　　本	880 毫米 ×1230 毫米	32 开
	8 印张	140 千字
版　　次	2020 年 8 月第 1 版	
	2020 年 8 月第 1 次印刷	
书　　号	ISBN 978-7-5125-1215-3	
定　　价	39.80 元	

国际文化出版公司
北京朝阳区东土城路乙 9 号　　　　邮编：100013
总编室：（010）64271551　　　　传真：（010）64271578
销售热线：（010）64271187
传真：（010）64271187-800
E-mail：icpc@95777.sina.net

"Needs+Solution+

Differentiation+Benefits"

四步骤打破创新盲点，

创造高价值新思维！

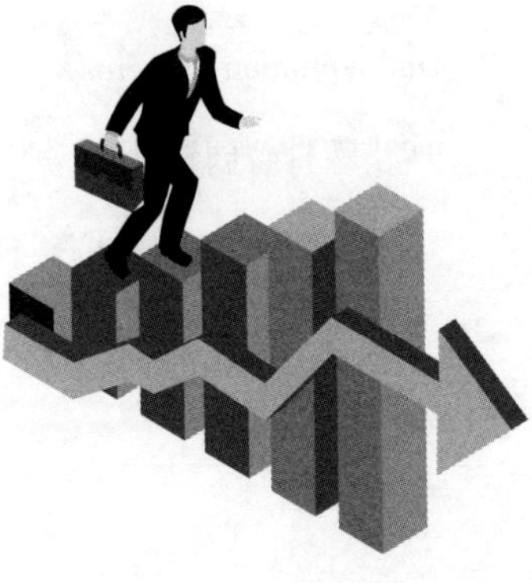

作者序

....

　　"教授，你怎么会想出这样一本书呢？""NSDB 到底是什么呀？"许多我周遭的朋友、学生，在得知我即将出版的第三本书主题时，都提出了这个疑问。

　　没错，对很多人来说，"价值创造"与"NSDB"是个陌生的名词或观念，也很难与时下流行的"创新"与"创业"联结在一起，就是因为如此，我才希望出这本书让更多人了解它们、应用它们。

　　时间回到 2004 年 9 月，那时我在工研院延揽至产业学院担任首任执行长，在任职 3 个月后，我们经营团队的主管分两梯次到美国 Stanford Research Institute（斯坦福研究所，以下简称 SRI）接受"价值创造"的训练课程。我仍清楚记得自己是第二梯次的成员，由当时的副院长带队。我们一群约二十人的高端主管在那段时间里对工研院成立的宗旨与使命有着激烈讨论，毕竟工研院身为台湾地区产业创新的火车头，那时平均每天产出三项专利，拥有庞大的研发资源，因此，弄懂组织的目标与方向至关重要。在那个课程，我首次学到"价值主张"这个概念，而 SRI 教了我们以"NABC"

这个架构去打造创新构想的价值主张：

> 　　根据市场与顾客需求（Need），提出我们强而有力的技术方法或途径（Approach）以满足需求，并让顾客获得较好的效益（Benefits）——相较于竞争对手或其他选项（Competition）。

　　这两梯次训练课程结束后，我们便在工研院南分院召开策略会议，讨论工研院该如何引进价值创造的方法跟思维，为此，时任院长李锺熙博士，便授命我与 SRI 联络人协商有关创造课程的引进与内化，只是最后因授权条件想法有落差，才决定由我们自己内部来设计课程及发展教材。身为产业学院执行长，我便开始负责整套课程的开发工作。同时在李锺熙院长主导下，工研院于2005年开始进行成立以来最大规模的组织调整，即以"价值创造"为组织变革的核心，李院长提出了"NSDB"，作为工研院高价值创造的架构与模式：

> 　　提出洞悉市场需求（Needs）的解决方案（Solution），并通过与竞争对手的差异化（Differentiation），为顾客创造最大的效益（Benefits）。

那也是我第一次体会到，原来工研院的使命并不是在"创造新科技"，而是致力于"帮助台湾地区产业创造新价值"才对。为了配合组织变革的需要，我便根据"NSDB"架构开发了一套创新的方法论，当时工研院的员工都得上这门课程，且于工研院内加以应用，成为工研院所有创新作为的共通语言与方法。而后我离开工研院，投身产业界，2012 年又从产业界再次回学术界后，这才正式开始更普及性地推广"NSDB"这套方法论。

至今我至少去 100 个企业 / 机构 / 场合传授过"NSDB"方法论，在此推广过程，"NSDB"的内容也不断地精进。从 2014 年开始，我也用此方法论辅导新创事业，获得不错成果，这些种种都成为了我今日决定要将此方法论出版成书的原因，一方面希望能扩大"NSDB"成效，一方面也希望有朝一日，"NSDB"可以像持续改善领域著名的"PDCA"一样，让每个想以点子赚大钱的人，对"NSDB"都能朗朗上口、轻松上手。

本书欲让读者阅读起来更好理解、更有共鸣，所以用心举了几个案例，这些案例看似过时，其实它们都有其特殊用意。

例如第一个案例——"全温层物流服务系统"案例，这是工研院经济部支持的第一个服务型科技项目计划，此计划所研发出来的系统技术在全世界低温物流领域首屈一指，之后在低温物流产业持续创造出非常显著的价值，是突破性创新技术的典范。

第二个上网本（Eee PC）的案例，则是台湾地区厂商第一个自己主导技术规格的笔记本电脑产品，而且在市场获得相当大的成功。但就技术本身而言，Eee PC仍未脱离台湾地区笔记本电脑产业原先擅长的渐进式技术创新，因此，后来当苹果公司（Apple）推出触控式平板计算机（iPad）后，上网本市场马上就被颠覆了，这意味着台湾地区擅长降低成本（Cost Down）的渐进式创新，因为技术门槛不高，很容易被竞争对手取代或超越，就价值创造的程度而言是往往不够的，这是为什么我要推动高价值创造的创新方法。

第三个案例是iPod与iTunes结合的革命式创新，其实光看iPod产品本身，并不难发现它其实也是渐进式技术创新的成果而已，对市场能创造的价值是有限的，但因为它结合了iTunes的商业模式创新，才能创造出让Apple起死回生的革命式创新，而"iPod+iTunes"的组合，更开启后来"硬件＋平台"的商业模式风潮，包含"iPhone+App Store"。

最后，我想特别感谢一些人，因为若没有他们的帮助，这本书就无法顺利付梓。我想感谢工研院全温层物流计划主持人郭儒家先生，非常谢谢他无私的分享；再来要感谢在工研院任职的课程设计助理刘雯中博士，还有我在文化大学任教的博士后研究生高崑铭博士，以及所有当时帮助我、协助我整理案例资料及课程教材的同事，辛苦你们了；当然最重要的，还是谢谢"NSDB"架构创始人李锺熙博士，无论是对本书还是对台湾地区产业的实质贡献，我都觉得感激万分。也因此才会带着这样的心情，希望帮助那些对于创新有兴趣的人，希望他们能更有方向、有方法地去实现他们的创新或创业梦想。

愿本书能成为你的指引，让你独一无二点子发光发热、赚大钱！

目 录

Chapter 1

为什么我的点子赚不了钱?
——创新需要令人心动的
价值主张

　　小王是台湾地区顶尖大学的信息工程系毕业生，一毕业就被网罗到一家信息大厂担任研发工程师，在H公司20年的时间，见证H公司由一家电脑零件的代工制造商转型为计算机产品的品牌提供商，小王的角色也从单纯的技术研发者转为技术整合者，职务变成笔记本电脑产品研发经理。

　　由于H公司原先致力的核心顾客价值在于"生产"与"提供顾客平价优质的计算机产品"，公司擅长的是控制生产成本的经营模式，但面对竞争愈趋激烈的全球市场，公司的利润也不断被压缩到难以生存，公司为求永续发展必须不断创新转型，以提升公司的竞争力。

　　因为部门绩效优异，小王此时被赋予更重大的责任——升任为创新研发处处长，公司希望他的部门成为公司创新的领头羊，开发出更多突破既有市场的产品。但如何创新对技术出身的小王来说是一项巨大的挑战，于是他决定到台湾地区产业创新的火车头——工业技术研究院——来好好取经。

在现今瞬息万变的世界中，唯有"变"才是企业生存的不变法则，"不创新，便死亡"已成为每个企业的经营格言，纵使百年老店也可能因为不够创新而一夕倒塌。但是企业何以永续存在？简单来说，企业存在的目的就是要能创造顾客价值与企业价值，如同已故的哈佛大学营销管理名师特德·列维特（Ted Levitt）所言："企业管理绝不能认为企业是在提供顾客产品，而是必须认为企业是在为顾客创造价值满意度。它必须尽全力将这种想法推向及落实在组织的每个角落。"这句话点出企业存在的使命就是提供"顾客价值的满意度"，企业管理的重点就是落实这个使命。这句话同时说明企业创新的目的不是创造新的技术、产品、服务，甚至品牌，而是创造新的"顾客价值"，或将顾客价值极大化。

企业必须理解，技术、产品、服务或品牌只是传送顾客价值的载体，再富于前瞻性的技术、再美好的产品、再精致的服务，或是再知名的品牌，顾客若"感受不到其价值"，就不会掏钱购买，即使以再便宜的价格买来没有价值的产品也是浪费。如果顾客愿意购买，企业才会有营收，才能负担企业经营成本，因而创造企业价值，企业股东也才能持续投资企业，提供更高的顾客价值满意度给顾客，如此才能如图1所示，形成企业与顾客的正向价值创造循环。

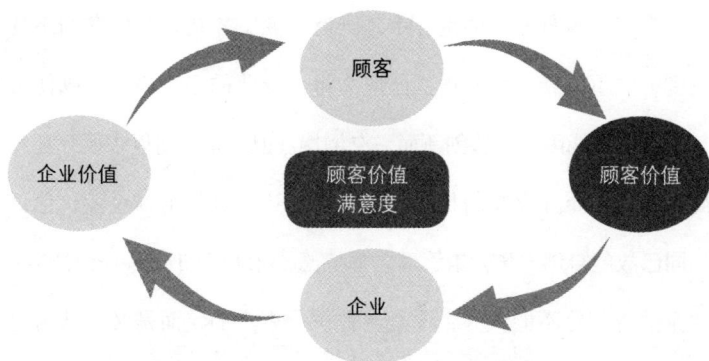

图1　企业与顾客的正向价值创造循环

⌛ 那么"顾客价值"如何达到极大化呢?

简单而言,顾客价值是顾客的投资报酬率,也就是顾客使用产品或接受服务后所产生的效益除以他们付出的成本(价格)。创造顾客价值就是尽量将顾客效益极大化及将顾客成本极小化。要注意的是顾客付出成本可以精密地计算,但是顾客获得效益主要是靠感觉的,也就是"顾客满意度",即使是注重"性价比"的科技产品顾客,最后掏钱与否也往往取决于服务或品牌的情感因素。所以效益是顾客所能感受产品或服务产生的好处,感受的好处愈多,满意度愈高,效益愈佳。

$$顾客价值 = \frac{动机效益（靠感觉）}{动机成本（可估算）}$$

企业若要创造顾客价值，一方面可以降低顾客成本，另一方面可以增加顾客效益。

顾客成本可以区分为交易前的搜寻成本，包含时间及心力；交易中的取得成本，包含交易价格、时间及心力；以及交易后的使用成本，包含产品操作、维护、回收及丢弃。而顾客效益代表的是顾客需求被满足的程度，满足的程度愈高，效益就愈大。

同样地，顾客效益可以区分为交易前的期望效益，包含对产品或服务质量的要求；交易中的交易效益，包含厂商形象、交易服务及顾客体验；以及交易后的使用效益，包含产品效能及售后服务。

由于产品及制造成本可以精密地计算，成本及质量的魔鬼又往往藏于制程（Process，制造程序）的细节中，因此管控及技术是能降低成本又能保证质量的主要驱动因子（Driver）。而效益偏重于需求满足的感觉，心理因素往往主导顾客的满意度，营销与服务便成为增加效益的主要驱动因子。

因为顾客价值通常是顾客主观认定的，也就是凭感觉，代表每个顾客心中都有一把判断价值的尺，判断的标准不是产品或服务本身，也不是产品或服务的特性，而是这些特性满足顾客需求的程度，也就是顾客感觉的满意度。按照马斯洛（Maslow）需求层次理论，人类有"生理、安全、爱与归属、受尊重与自我实现"等五种层次的需求，愈能满足上层的心理感觉需求，顾客似乎愿意付出愈高的价格。

顾客的感觉效益主宰顾客价值，举例而言，到王品牛排用餐是享受"顾客永远是对的，不分等级，每位客人都是VIP"的感觉；在意大利，每个人平均拥有六只斯沃琪（Swatch）手表，斯沃琪的顾客可以根据每天不同的穿着或心情，做不同的搭配，呈现不同的感觉，因此斯沃琪手表不再只是计时的工具，对顾客而言变成是时尚感觉的配饰。同样都是皮鞋，铁狮东尼（Testoni）男鞋一双可卖到新台币5万元（例如Norvegese系列），阿瘦皮鞋可以卖到新台币四五千元，而白牌皮鞋只需三五百元。其间的价格差异表层看来似乎取决于品牌，但品牌价值主要来自使用者的经验及感受，也就是穿上不同品牌的皮鞋所代表不同的顾客价值，铁狮东尼皮鞋代表的是"身份地位"的价值，阿瘦皮鞋代表的是"舒适实用"的价值，而白牌皮鞋代表的可能是"我只要有双是皮制的鞋即可"的价值。

⌛ 想提升顾客价值，你得先有"价值主张"！

为了提升顾客价值的满意度，企业应该尽量将顾客效益极大化及将顾客成本极小化，但无论采取的是"提升效益"的策略还是"降低成本"的策略，企业及其提供的任何产品及服务（顾客方案）都要有价值主张（Value Proposition），以呈现令顾客心动的顾客价值，因而促使顾客愿意购买。简单地说，价值主张是"一段欲呈现出顾客方案中顾客价值的叙述"，它是顾客与你做生意而不是选择你的竞争对手的根本原因，所以企业的产、销、人、发、财的所有策略也应该以价值主张为根据，建立企业在实践顾客价值主张的核心竞争力（Core Competency）。我们将顾客价值主张定义为：

提供顾客愿意以特定价格满足他们重要需求的方案。

"价值主张"这个商业名词在 2005 年以前鲜有人提及或用到，但在 2005 年以后，由于创新及价值创造成为管理学的主流，价值主张也变成了流行的商业用语。价值主张代表企业通过产品或服务可以提供给顾客的实质价值。举例而言，台湾地区惠普（HP）的价值主张为"整合 HP 在各项核心领域的竞争优势，提供台湾地区企业定制化的全方位解决方案，以协助台湾地区产业提升市场竞争力，掌握产业发展先机以达永续成长效益。"

为了让价值主张浅显易懂，更具营销魅力，企业也通常会将其价值主张转化为简洁有力的口号或诉求，例如惠普的"众志成城，超越顶尖（Power of One, Best of Many）"，又如鼎泰丰的"小吃业的精品店"或华硕的"华硕品质，坚若磐石"！

但是价值主张绝对不是"口惠不实"的营销口号，更不能沦为"夜市卖膏药"的口头吆喝，产品或服务等顾客方案所彰显的价值主张必须能真正满足顾客需求、解决顾客问题或使其享受产品或服务的好处，所以价值主张也是企业为满足市场需求的共同目标及安排资源和发展能力的依据，否则价值主张会成为欺瞒顾客的证据。几年前发生的胖达人、鼎王与顶新等食品安全事件，就是不实价值主张最好的教训！

⧗ 创造顾客价值的步骤为何呢？

企业创造价值的核心为创造顾客价值的满意度，而其根基为价值主张。因此，打造企业（或企业内的事业单位）的价值主张就是在说明企业如何创造顾客价值。

就此观点，如图2所示，企业必先确定目标顾客，就特定的市场找到顾客需求，然后根据顾客需求及市场局势建立或补强企业的核心竞争力，除了自己发展核心竞争力外，企业也可以通过购买、结盟或合并的手段来强化核心竞争力，而且企业应该通过智慧资产的方式如专利、商标、商业机密与著作权来保护自己的核心竞争力。另外，可以委托或外包（Outsourcing）非核心竞争力的部分，以免稀释建立核心竞争力的强度或所需的资源。如此，由核心竞争力所开发出来的顾客方案（包含技术、产品或服务）才不容易被竞争者攻击、模仿或超越，而具有竞争优势的方案所创造的顾客价值也才能让企业立于不败之地。

当市场的顾客需求有所改变或市场的竞争状态产生变化时，企业必须调整其核心竞争力，研发更具有竞争优势的方案，才能持续维持与顾客建立的价值关系。没有以顾客需求为根基的企业核心竞争力或顾客方案，往往就像是在河沙上盖的房子，不牢靠，无法在市场立足，遑论与对手竞争。

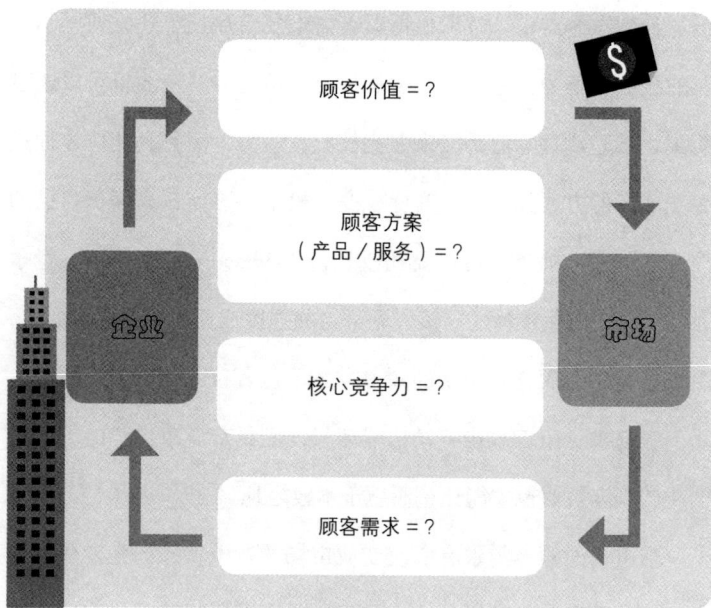

图2　市场导向的企业创造价值模式

你知道吗?

**成就 Apple 起死回生的不是 iPhone，
而是 iPod 与 iTunes！**

Apple（苹果公司）原是个人计算机的品牌制造商，
1990 年代中期因为市场竞争激烈，面临破产的危机。
Apple 董事会于 1997 年找回创办人乔布斯（Jobs）重整奋

奄一息的公司，他让 Apple 起死回
生，其中的关键产品为 iPod。

很多人以为 iPod 只是一个酷炫
的数码音乐播放器而已，但是乔布
斯对 iPod 有不同的价值主张："iPod
的诞生，意味着人们聆听音乐的方式将永远改变，因为
iPod 带来了一个无与伦比的音乐数据库，使用者可以随时
随地聆听自己喜爱的音乐。"而这个价值主张若没有一个
音乐下载平台的支持，就只是一个空壳子而已，所以在推
出 iPod 之前，Apple 先建立音乐下载平台的核心竞争力，
推出 iTunes。

iTunes 原先是让音乐爱好者可以找到任何自己喜爱的
音乐，无论热门或冷门，而且是可以简单下载单曲的音乐
商店。而当时通过点对点（Peer to Peer, P2P）方式免费
传输的盗版音乐猖獗，唱片公司除了兴讼提告外，几乎束
手无策，乔布斯反而从唱片公司的危机看到庞大的商机，
与五大唱片业者（Sony、Warner、
Universal、EMI、BMG，全球音乐市
场市占率约 85%）达成共识，取得它
们的音乐授权，让音乐爱好者能通

过 iTunes 以 0.99 美元购买合法且受保护的音乐文件，而 iTunes 下载的音乐文件只能以 iPod 播放，促成 iPod 成为最畅销的数码音乐播放器。

结合 iPod 与 iTunes 的聆听音乐方案，除了操作简易、储存容量大之外，消费者可合法地下载自己喜爱的数码音乐，不用担心侵权问题，这不仅实践了乔布斯对 iPod 的价值主张，在市场大受欢迎，Apple 更借由 iTunes 创造出一种崭新的商业模式（Business Model），竟成为全世界最大的音乐销售商，iTunes 也为 Apple 创造了源源不断的企业价值。

继 iPod 之后，乔布斯又看到手机市场更大的需求商机，企图改变传统手机使用的观念，以类似 iPod 的方案与 iTunes 的商业模式，结合 iPhone 与 App Store，让手机不再只是手机产品，而是可以通过 App Store 下载的 Apps（行动应用软件），达到定制化、个人化的行动方案，率先提供手指触控操作的 iPhone，使得使用者相信"手机应该是什么，它就是什么"，实践 iPhone"触摸就是相信"（Touching is believing.）的价值主张。

值得一提的是，乔布斯是通过购买及并购来建立 iPod 与 iPhone 的核心竞争力的。iPod+iTunes 方案的原创者 Tony Fadell 原先只是 Apple 的独立契约商，他向 Apple 提案后，只花了 8 个星期的时间就开发了 iPod+iTunes 的组合。而 iPhone 的许多技术也并非 Apple 自行研发，而是并购别人的技术，例如多点触控式的人机互动界面就不是 Apple 的原创发明，而且如果没有台湾宸鸿公司独步研发出来的"透明玻璃投射式电容技术"，iPhone 所需的手指触控荧幕根本无法量产，iPhone 也无法成为全世界最畅销的手机。

乔布斯

⧗ 打造价值主张时会遇到哪些关键问题？

就企业发展的观点而言，企业创造价值需要打造一个企业价值主张，一个好的企业价值主张不是"你说的"（What you say）或"你希望的"（What you want），而是"真正的你"（What you are）。换言之，价值主张就是代表一个你（企业）的实质存在，如果你无法为顾客创造价值，顾客便没有与你打交道的理由，如果你无法实现你的价值主张，顾客是不会跟你做生意的，你的名气再大，也只会适得其反，反而让你陷入经营的困境，甚至缩短你的寿命。

打造企业价值主张其实就是在分析企业价值创造的过程，了解企业如何创造顾客价值，是否能持续创造顾客价值，也是在检验企业的价值创造是否具有竞争优势。因此，打造企业的价值主张必须问几个关键问题：

① 企业的存在价值是什么？

这个问题通常反映在企业的愿景（Vision）或使命（Missions）之中，就是引领企业持续努力及存在的最终目的地。举台积电为例，其企业愿景为"成为全球最先进及最大的专业集成电路技术及制造服务业者"，就是这个愿景在引领台积电不断成长，超越同业的所有竞争对手。

② 企业的根本价值引擎是什么？

价值引擎代表可以为企业创造价值的核心竞争力及核心业务
（Core Business），核心竞争力为企业创造顾客价值的竞争优势，
而核心业务是企业专注创造顾客价值的市场区隔。例如台积电的核
心竞争力包含专业集成电路技术领导者，最具成本优势的制造者，
最具声誉的服务者及客户最大整体利益的提供者；而其核心业务
为专业集成电路制造服务。

③ 企业的顾客价值来自于哪里？

这代表企业提供的顾客方案如何产生价值，特别是方案如何
满足顾客的需求，顾客效益为何（效用／稀有／独占／感动⋯⋯），
顾客会因此效益而愿意付出特定价格，让企业产生收益。这个问
题通常反映在企业的商业模式之中，企业也会运用营销、品牌或
服务加值的手段让顾客认同及提升其方案所提供的价值。就台积
电而言，其商业模式的核心就是与顾客紧密结合的晶圆代工，台
积电的顾客主要为无晶圆厂的设计公司及整合元件制造商，为了
与顾客发展更密切的合作关系，台积电会定期将未来几年的技术
蓝图提供给它的顾客，顾客因此可以提早规划如何运用台积电的
前瞻制程技术。

④ 打造出令人心动的价值主张吧！

价值主张代表企业对顾客的承诺，企业必须想尽办法实践，所以价值主张会决定企业要进军什么样的市场，面对什么样的顾客，投入什么样的资源，进行什么样的研发，开发什么样的顾客方案，运用什么样的营销。

举例而言，为了实践"揪感心"的价值主张，某电子公司重新打造店面的摆设与装饰，改变顾客服务的流程与规

范，让进店的顾客可以体验到"揪感心"，更在广告里展现对弱势族群的热诚及体谅，提供分期付款服务，并免费到府安装电器产品，借由营销来创造"揪感心"的感受。

如何打造一个令人心动的价值主张成为研发或企划最重要的工作，是需要结合逻辑与创新思维、科学与艺术本领的团队工作。价值主张的定义是："提供顾客愿意以特定价格满足他们重要需求的方案。"我们提供如图3所示的"价值诉求"矩阵图，作为打造价值主张的参考工具。

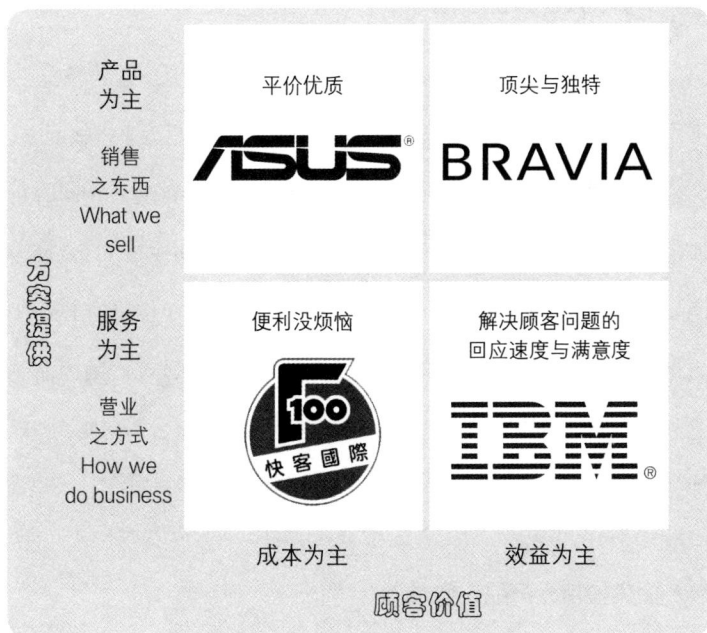

图3 价值主张的重点诉求

上图代表 4 种不同价值主张的重点诉求。一方面从方案提供的角度去考量，方案可以是产品为主或服务为主，产品是与顾客交易的实质东西，例如民生用品或消费性电子用品，服务则是与顾客交易的方法及过程，例如顾客咨询或接待顾客的流程；另一方面可以从顾客价值的角度去考量，顾客会因本身需求而从成本端或效益端去考虑方案的顾客价值，如此形成 4 种不同的价值主张所要强调的价值诉求：

① 平价优质（产品、成本）

例如华硕（ASUS）原先的价值主张为"华硕品质，坚若磐石"。华硕是全球前几大的 PC（个人计算机）制造商，以制造主机板起家，从公司创立开始，就坚持质量是公司最重要的经营基石，同时也加强成本控制，才得以不断推出性价比优于竞争对手的 PC 及周边产品，而建立"平价优质"的市场口碑，在 2007 年推出的 Eee PC 更是"平价优质"的代表作，将华硕的品牌推向顶峰。因为品牌业务与代工业务的冲突，华硕在 2008 年 1 月时便将公司切割为"品牌"（华硕）和"代工"（和硕）两个集团。

② 顶尖独特（产品、效益）

例如索尼（Sony）的 Bravia 液晶电视。Bravia 液晶电视因为具有卓越的工艺及独特的液晶色彩技术，打出"完美色彩、永不妥协"的价值主张，所以 Bravia 的色彩鲜明度与饱和度是液晶电视的佼佼者，其价格也因此比与之竞争的液晶电视高出很多。

③ 便利没烦恼（服务、成本）

例如"F100 极速剪发"。F100 的加盟连锁店大都是设置在大润发或爱买等大卖场内，因此享有地利之便，打着"承诺 100 元的平价价格，追求 100 分的剪发服务"的价值主张，以"F4: First, Fast, Focus, Fashion"的核心理念去实践其价值主张。F100 凭借着方便、快速及廉价的剪发服务，这几年在台湾地区急速蹿红，以相同的商业模式又设立了"F100 美发大师"连锁加盟，并衍生好几个"99 元剪发"的竞争对手，着实开创了理发业的另一个蓝海市场。

④ 快速回应与高度满意（服务、效益）

例如 IBM（国际商业机器公司）的全球企业咨询服务部（Global Business Services, GBS）。IBM 的每一个事业群都有其特定的价值主张。IBM 的 GBS 是全球最大的顾问咨询机构，业务遍布 160 个国家和地区，其价值主张为"通过整合、快速、创新的业务解决方案实现客户价值"。任何与 IBM 打过交道的顾客都会知道，IBM 是一个系统解决方案的提供者，只要顾客提出需求，IBM 就有办法快速整合全球各地的专家及系统甚至包含 IBM 的竞争对手，提供全方位服务及系统解决方案。当然，IBM 顾客也要为此付出相当高的费用。

打造价值主张是了解顾客与顾客需求的第一步，也是发展产品或服务的最初理由，打造价值主张同时是企业创造顾客价值的必要手段，也是企业打造核心竞争力的先期尝试，而价值主张更是研发提案或营运企划的核心所在。记得，创造价值的根本是令人心动的价值主张！试问，你的价值主张是什么？它能令顾客感到怦然心动吗？

Chapter 2

如何想出解决问题的绝妙点子？
——学会利用

"NSDB" 价值主张

　　小王为了带领 H 公司进行研发创新，决定到工研院学习创新方法论。小王了解到创新的目的是要为顾客创造价值，价值主张则是企业创造顾客价值的根本；企业有企业的价值主张，产品有产品的价值主张，价值主张是顾客与企业交易的初衷，也是顾客购买产品的原因。但是如何打造一个令顾客心动的价值主张却令小王头痛，因为技术出身的小王一直习惯技术导向的研发思维。恰好时任产业学院执行长的老王刚从美国学习一套打造价值主张的"NABC"方法论回到台湾地区，并经当时的工研院院长将其转化为更适合台湾地区企业创新的"NSDB"方法论，于是小王邀请老王到公司传授工研院的"NSDB"创新秘籍……

⧗ 什么是"NSDB"价值主张？

企业为了永续生存发展，必须不断地为顾客创造价值，而价值创造的根本是价值主张。企业会针对不同的目标市场，研发及提供满足市场需求的顾客方案，所以每一项方案都需要可以令顾客心动，令顾客愿意出价购买及使企业投资回收的价值主张。为了避免让价值主张沦为口惠不实的宣传口号，企业必须想办法让价值主张付诸实现，因此企业需要打造一套实现价值主张、创造顾客价值的方法论，让这套方法论成为企业创造价值的共通语言、概念基础、思考架构、流程方法与企业文化，最重要的是成为企业创造价值的纪律与执行力。

但是如何才能打造"令顾客心动"及"价值加倍奉还"的价值主张呢？为此，李锺熙博士在其工研院院长任内于2005年提出创造经济价值的新主张："提出洞悉市场需求（Needs）的解决方案（Solution），并通过与竞争对手的差异化（Differentiation），为顾客创造最大的效益（Benefits）。"李博士取每个单词的首字母，组成了"NSDB"价值主张，如下边图1所示，该价值主张成为创造高价值的价值主张的操作型定义。

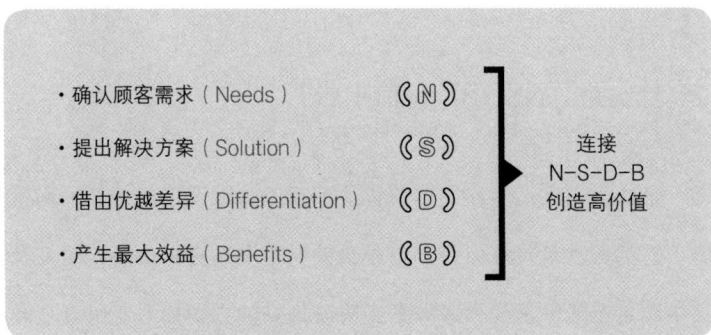

- 确认顾客需求（Needs）　　　《N》
- 提出解决方案（Solution）　　《S》
- 借由优越差异（Differentiation）《D》
- 产生最大效益（Benefits）　　《B》

连接
N-S-D-B
创造高价值

图1　创造高价值的"NSDB"价值主张

举一个简单易懂的例子：假设你带一位朋友到台中吃喝玩乐，但是台中有太多好吃好玩的地点，你就可以善用"NSDB"价值主张的方式，提出能够令你的朋友心动的建议地点！

Step 1 ≫ "我知道你喜欢尝试不同风味的饮食。"（N：需求）

Step 2 ≫ "我们找个提供各式各样餐饮的地方。"（S：解决方案）

Step 3 ≫ "其中逢甲夜市有许多首创或独创的台湾小吃，例如章鱼小丸子、懒人虾、鱼要酱吃等。"（D：差异化）

Step 4 ≫ "而且是俗搁大碗，我们到那里，不仅吃得过瘾，还可以享受地道又多样化的台湾小吃美食。"（B：效益）

李院长上任后，有鉴于当时台湾地区有关部门与企业虽然投入相当多的资源于技术创新与产业转型，但是没有创造出相对的价值，甚至创新的投入无法开花结果，增加企业的经营困难，因此归纳出主要的原因就是台湾地区缺乏高价值创造的思维与方法。

就价值创造的观点而言，台湾地区企业的创新多是以价值的成本端为出发点，以降低成本（Cost Down）的技术创新为主，例如产品特性改良或制造程序改善，但是技术本身的差异化或领先程度不足，价值创造的程度不高，或者人不敷出。

于是李院长开始推动"高价值创造"的变革，并选派工研院的研发菁英及高级主管赴美国知名的研发机构 SRI 取经，学习 SRI 价值创造的经验与方法，并根据台湾地区特有之产业发展及技术研发的困境，将 SRI 的"NABC"（Needs, Approach, Benefits, Competition）内化并转化为"NSDB"，除了强调创新必须以市场需求为出发点外，更点出台湾地区产业发展所需要的创新是要比竞争对手具有优越差异化的整合性或系统性方案，而不是低价竞争的技术创新。

相较于"NABC"的价值创造，强调"高价值创造"的"NSDB"成为工研院的共通语言，任何工研院的创新构想都必须连接 N-S-D-B 以创造高经济价值，希望通过 N-S-D-B 的检视，可以快速截取价值创造的关键及基本要素，并有效传达任何研发提案或企划构想对顾客的价值主张。

　　"NSDB"不仅是分析高价值创造的方法，也成为打造令顾客心动的价值主张之工具，亦即一个提案或构想可以 N–S–D–B 组合来打造令人心动的顾客价值主张。首先，找出重要的顾客及市场需求（N），然后根据需求，提出强而有力的解决方案（S），再借由比竞争对手优越的差异化（D），为顾客创造出实质明确的效益（B），结合上述的"NSDB"便可成为令人心动的价值主张，为顾客及企业创造高价值。

⌛ 运用"NSDB"打造价值主张，并且形成循环

　　企业创造价值的诀窍为顾客价值主张，就是回归到价值创造的基本问题，你的顾客价值主张是什么？你的顾客是否愿意以特定价格购买你所提供的方案？你的方案是否可以满足顾客重要的需求？你的方案是否可以解决顾客重要的问题？你的方案是否具有优于对手的差异化？你的方案是否可以产生实质的顾客效益？换言之，你的研发提案或企划构想是否能够创造顾客价值，就是要检视提案或构想是否具有连贯 N–S–D–B 的价值主张？

　　如图 2 所示，连接 N–S–D–B 是一个不断循环的过程，价值创

造团队必须针对目标顾客，将自己设定于顾客使用方案的情境，分析、检视及改进每一个 N–S–D–B 的步骤，而且来回确认 NS–SD–DB–BN 两个步骤的一致性，直到组合出最佳的"NSDB"价值主张。再者，"NSDB"价值主张并非一成不变，也要随着市场需求与技术的变化，以及方案的生命周期，进行更改及创新。

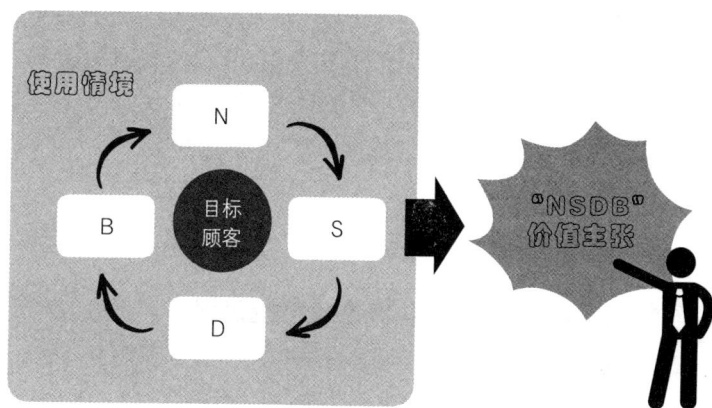

图 2　打造"NSDB"价值主张

从"NSDB"的创新思维而言，打造令顾客心动的价值主张是创新的第一步，也就是企业若要为顾客创造价值，可以依照 N–S–D–B 的程序，打造"NSDB"价值主张，由价值主张来导引方案的技术发展及商业发展，价值主张因而成为：

- 不断发现与了解市场与顾客需求的起始点；

- 发展顾客方案（产品或服务）的最重要依据；

- 测试方案竞争优势的试金石；

- 产生顾客效益的必要条件；

- 吸引顾客购买的最好理由；

- 创造顾客价值之最佳组合；

- 发展令人信服的研发或营运企划的核心所在。

台湾地区创新的困境与企业常犯错误

台湾地区产业面临全球化愈来愈激烈的市场竞争，从个人到企业，莫不高喊创新转型的口号，但是仔细检视台湾地区创新的结果，许多创新的投入不仅无法为企业及顾客创造价值，若不符合市场需求，甚至造成企业的亏损。以"NSDB"作为创新的方法论不仅符合价值创造的逻辑思维，而且 N–S–D–B 组合成的价值主张更可以用以导引顾客方案的技术发展及商业发展，为顾客及企业创造最大价值。

通过观察，其实不难发现台湾地区的企业，特别是制造代工为主的厂商，似乎习惯 S-n-d-b 的创新模式，亦即先有方案，再找小众市场（小 n）切入，但是方案的差异化不大（小 d），所以只能以成本竞争，低价竞争的结果往往就是商业效益愈来愈低（小 b），或者敌不过竞争对手的削价竞争，必须退出市场。再者，由于制造代工为主的厂商对消费市场了解及掌握有限，也经常形成 n-S-d-b 的困境，纵使开发方案或制造产品的技术能力很强（大 S），但是只能成为技术及市场的追随者，看得到市场却吃不到市场，只能追随市场领导者或先进者（小 d），终究还是以价格或制造成本竞争（小 b）。

举台湾地区牙医器材业为例，业者都知道新兴市场的植牙市场商机庞大，但是台湾地区的植牙器材厂商却鲜有以 N-S-D-B 的模式开发植牙方案的，无论是植牙技术、植牙工具与设备或植牙材料，大部分的台湾地区植牙器材厂商还是停留在 S-n-d-b 的渐进式创新模式，亦即厂商的技术能力虽然很强，却大都只能仿效全球植牙技术及市场的领导者或规格的制定者，而且经常是先开发植牙技术及产品后，才决定要进军那一个市场，由于技术的差异化不大，只能强调台湾地区技术的性价比，以平价优质的价值主张寻找新兴市场的切入点。

曾经红透一时的 Eee PC
也能运用"NSDB"打造价值主张！

Eee PC 是台湾地区计算机产品发展史第一个本土厂商自定笔记本电脑规格的成功案例，也是台湾地区第一个在全球笔记本电脑市场爆红的消费性笔记本电脑产品，Intel 甚至史无前例地因为 Eee PC 的市场成功为上网本定制开发专用的 Atom CPU。根据 Eee PC 的案例，其"NSDB"价值主张的组合为：

·N：针对已开发市场中那些不敢用、不会用，买不起一般笔记本电脑的老人、青少年及女性族群。

·S：推出的 Eee PC 是轻巧省电、简易实用的移动多媒体装置。

·D：且 Eee PC 使用恰恰好的笔记本电脑设计，因此比传统笔记本电脑容易学习及使用。

·B：可以随时随地携带、方便使用，而且价格只有传统笔记本电脑的 1/3。

运用上述的 "NSDB" 架构，华硕打着 "易于学习、易于玩乐、易于工作（Easy to learn, Easy to play and Easy to work!）" 的价值主张，并以三个 "Easy" 的 E 塑造出 Eee PC（中文称 "易 PC"）的上网本品牌，结果一推出马上取得市场的成功，荣登 Amazon.com 的笔记型计算机销售排行榜，同时也在美国 CNET.com 网站获得 "America's most wanted Christmas gift" 票选的第一名。

虽然华硕以 Eee PC 于 2007 年创造出笔记本电脑市场的颠覆性创新，而且推出后马上一炮而红，但是由于上网本的技术差异化不大，Eee PC 在上网本市场的领导地位随即在 2008 年被宏碁的上网本 Aspire One 以营销的差异化所取代。Aspire One 价值诉求为 "精彩全在手"，产品设计强调时尚艳丽，并以俊男美女代言。市场竞争促使 Eee PC 改变价值主张的诉求，原来 "三个 Easy" 的诉求改为 "又简单（Easy）、又卓越（Excellent）、又令人兴奋（Exciting）的移动多媒体装置"，依然是三个 E 的 Eee PC。

可是上网本的生命周期却非常短，来得快，去得也快，主因是上网本的技术门槛不高，很容易被新的技术所超越。再者，上网本仍是以产品方式通过传统通路贩售，并没有搭配创新的商业模式。因此如图 3 所示，当 Apple 于 2010

年推出 iPad 后，手指触控荧幕技术结合 App Store 的商业模式，马上颠覆上网本市场，上网本快速进入衰退期，国际笔记本电脑大厂如戴尔、联想、惠普、微星及三星先后于 2012 年退出上网本市场；华硕则宣布 Eee PC 产品线于 2012 年年底结束，改以平板计算机代替；宏碁同样也宣布 2013 年 1 月 1 日起停止制造上网本；然而华硕则秉持创新求变的精神，继 Eee PC 后，结合触控平板及传统上网本的优势，重新打造笔记本电脑产品的价值主张，推出"二合一"变形平板笔记本电脑（Transformer）。

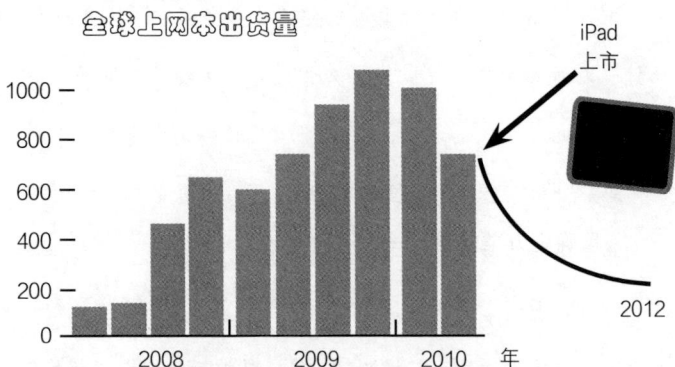

图 3 上网本的生命周期

⧗ 打造属于你的"NSDB"金三角

为了更容易打造"NSDB"价值主张，这里和大家分享一系列"NSDB"的方法与工具，首先设计了如图4的"NSDB"金三角模式，方便你作为"NSDB"创新方法论的架构者，来检视一个创新提案或构想是否能够创造高价值，并进行 N–S–D–B 四个阶段的金三角分析。

接着，我们将图4开展为图5的分析架构，用以分析创新构想如何创造价值。如图5所示，任何一个创新构想皆起始于一项挑战，此挑战可能来自主管（Top Down）或员工（Bottom Up）遇到的市场问题或机会，这些问题或机会可能是顾客需求的来源；为了解决问题或补捉商机，主管或员工应该要分析市场，了解这个市场是否值得进入，市场的规模大小，市场竞争局势如何，市场的使用者（目标顾客）为何，再者，谁会是投资开发或购买方案的案主（Sponsor）。

一旦确定方案的使用者（User）及投资的案主，方案的研发人员便可设身处地去发掘使用者的真正需求为何，将自己放在使用情境下，才能确认解决方案是否满足使用者的真正需求（Needs）。只有具有竞争优势的解决方案（Solution）才能持续创造顾客价值，因此，解决方案要与竞争方案在竞争情境下进行差异化（Differentiation）

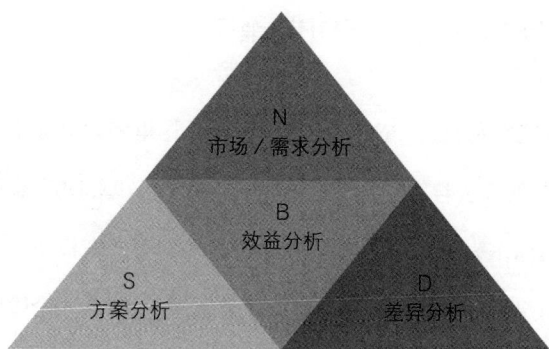

图4 "NSDB"金三角

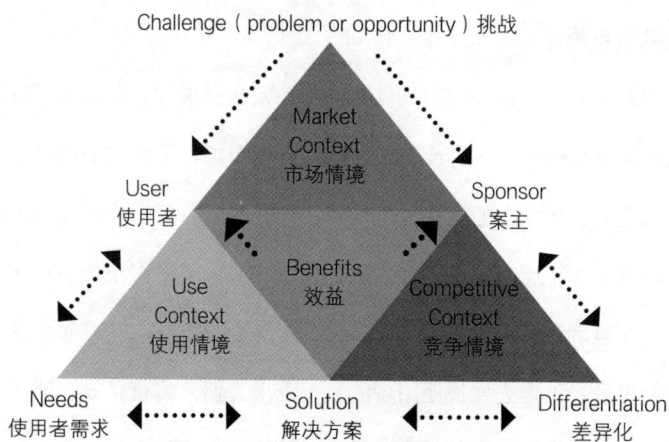

图5 "NSDB"价值创造的分析架构

比较，案主必须确定解决方案的差异化是否足够明显，差异化所产生的价值是否大于竞争方案，差异化是否可以受智财权保护而不容易被竞争对手仿冒或超越；同时解决方案也必须进行效益（Benefits）分析，确认解决方案能够带给案主哪些商业效益，使用者在使用解决方案后所获得的使用效益又是哪些，而这些效益是否能以数字或具体的方式呈现。

你知道吗？

**土凤梨酥就是运用
"NSDB"金三角的成功案例**

假设一家知名糕饼店的老板（案主）知道化学物质可能会引起食品安全问题，或者糕饼店的店员发现顾客一直在询问店里的糕饼原料是否不加化学原料（挑战），那么糕饼店老板自然便能分析出天然有机的凤梨酥市场具有庞大商机；而且目前投入市场的竞争对手不多（市场情境），就可决定投资请糕饼师傅研发天然有机的凤梨酥（解决方案），设定主要的购买顾客为具有经济基础、经常外食与注重健康的专业白领人士（购买者），但是他们购买的凤梨酥通常是送给家人及至亲好友（使用者）聚会食用的（使用情境）。

不同于其他品牌的凤梨酥，糕饼师傅除了用有机种植的土凤梨作为凤梨酥的原料外，其他的材料如面粉也强调没有掺加任何化学物质（竞争情境），为了凸显天然有机的特性，以此作为与竞争对手的主要差异（差异化），老板在土凤梨的产地设立土乡土味的观光工厂，顾客可以亲眼查证土凤梨种植及凤梨酥制作过程。

另外每个店面都设置凤梨酥制作的展示，并提供现场免费品尝凤梨酥及热茶的服务，让顾客可以亲自体验天然有机的风味，打出"返璞归真、美味真实"的招牌（价值主张），不仅顾客愿意排队购买，相信能吃到天然好口味的凤梨酥（使用效益），也让凤梨酥的价格比其他凤梨酥

高出 1 倍以上，糕饼店老板因此每年赚进原先 3 倍的利润
（商业效益）。

我们可以再回到前面 Eee PC 的案例中，如果运用图 5 的
"NSDB"金三角式分析架构，进一步完整地分析 Eee PC 的价值创造，
就会产生如表 1 的分析结果。

表 1　Eee PC 的 "NSDB" 金三角分析

	案主	ASUS
需求分析	案主期望	笔记本型计算机产品已经是成熟饱和的市场，而且市场笔记本电脑的价格门槛为 500 美元，期待开发新市场。
	目标使用者	已开发市场中的青少年、妇女或年长者。
	重要问题	不敢用、不会用、不方便携带、负担不起一般笔记本电脑。
	使用者需求	能够满足消费者简单使用需求、轻便美观、携带方便、价格又能够负担得起。
	市场规模	2008 年全球上网本市场约占笔记本电脑市场的 10%。

续表

方案分析	方案的感觉及功能要求	轻薄省电；携带方便；开机快速；使用有效率；操作简易；学习容易。
	方案使用的技术	Eee PC 采用低耗能、热量低及成本低的 Intel Celeron M 处理器（后改用 Intel Atom 处理器），可以提升电池的续航力。使用 7 英寸荧幕，以及具有耐摔、防震、轻薄体积及低耗电等特性的固态硬盘，将重量压到 1 千克以下。采用 Linux 操作系统平台，采取选单式的直觉界面，将所有程序清楚列在荧幕上，让使用者可以依据图示学习及使用；内建无线上网机制，让使用者能够随时随地连上网络。
	技术可行性	ASUS 在正式推出 Eee PC 之前，曾以内部员工及其家人为对象进行千人以上的测试，验证 Eee PC 的技术可行性。
差异分析	竞争情境	当时一般笔记本电脑竞争者众，且厂商皆着重于硬件规格的提升或软件的更新，因此价格一直居高不下。
	差异化	Eee PC 采取恰恰好的减法设计原则，只要提供够用的基本功能，Eee PC 因此变成够小、够轻、够简单、够便宜的移动多媒体装置。
	知识产权保护	由于笔记本电脑组件都标准化，技术差异不大，所以只能以产品设计及产品品牌申请知识产权保护。

续表

效益分析	使用者效益	Eee PC 满足目标顾客简单、方便的需求，而价格只有当时一般笔记本电脑平均价格的 1/2 到 1/3。
	案主效益	Eee PC 于 2007 年开创上网本市场，市场销售第一年便成绩亮眼，华硕第一代 Eee PC 累积了超过 100 万台的销售量；而全球上网本于 2008 年出货约 1300 万台，约占整个笔记本电脑市场的 10%，并持续增长。

我们也可以再回头看看前面 iPod 的案例，以其作为 "NSDB" 金三角的案例，分析 iPod 搭配 iTunes 的价值创造，就会产生如表 2 的 "NSDB" 分析结果。

因为 iPod 产品搭配 iTunes 商业模式的成功，Apple 以同样的模式推出 iPhone 搭配 App Store，也获得商业效益更巨大的成功，如今 iPhone 已经取代 iPod 的音乐播放器的功能，iTunes 成为全世界最大的影音销售平台，而 Apple 在 App Store 的收益也超越 iPhone。

无论是土凤梨酥、Eee PC、iPod+iTunes 或其他任何创新方案，只要能够运用 "NSDB" 金三角的分析架构，整理出如表 2 所显示的解析结果，便很容易判断创新构想或方案是否可以为目标顾客及案主创造价值！

表 2　iPod+iTunes 的"NSDB"金三角分析

	案主	Apple
	挑战	许多大厂早已着手研发或生产随身音乐播放器，如何在此市场中推出令消费者青睐的产品？
需求分析	市场情境	硬件生产厂商陆续推出 CD、MD、MP3 等随身音乐播放器，追求技术上的超越；软件开发商则仅专注生产操作系统，对于音乐应用软件并不重视。两者除缺乏整合外，多数厂商也将随身音乐播放器定位为 PC 的周边商品，对消费者而言，使用上并不便利；而市面上的下载音乐多是没有版权的非法音乐文件。
	目标使用者	追求时尚的聆听音乐风格之消费者。
	使用者需求	1. 能方便存取喜爱的歌曲，而非整张专辑。 2. 储存容量够大、操作界面容易、易于携带。 3. 合法且便宜的音乐文件。
方案分析	使用情境	无论是硬件或软件，皆容易使用。
	解决方案	1. 在软件方面，推出 iTunes 音乐播放软件及音乐下载平台，在 iTunes Music Store 里能购买具版权的音乐单曲，每一首仅需 0.99 美元。 2. 在硬件方面，推出储存容量为 5GB，重量仅约 200 克的 iPod Classic。 3. iTunes 是官方唯一与 iPod 同步的合法软件，当 iPod 与 PC 连接时，PC 会自动将音乐数据库与 iPod 同步。

续表

差异分析	竞争情境	竞争对象为众多大厂所推出的随身音乐播放器。
	差异化	1. iPod 的体积小，携带方便，而且储存容量大（首版的 5GB 约可储存 1000 首音乐）。 2. iTunes 所代表的是一个全世界最庞大的音乐数据库，无论热门或冷门，消费者可挑选自己喜爱的音乐聆听。 3. iPod + iTunes 创造出无与伦比的音乐享受风格。
效益分析	效益	1. 开辟一个其他厂商难以撼动的随身数码音乐播放器及在线音乐聆听的创新商业模式。 2. 至 2011 年，iTunes 的音乐总下载量已突破 160 亿，而 iPod 的销售量也累积超过 3 亿台，如今因为 iTunes，Apple 已经成为全世界最大的音乐销售商。

Chapter 3

"NSDB"真的能帮我找出好点子吗?
——从"全温层物流服务系统"
案例分析来了解

在小王安排老王到 H 公司讲授"NSDB"创新方法论前，老王决定先到 H 公司进行实地访察，找出 H 公司在创新上所遇到的问题与挑战，以便设计真正符合 H 公司需求的课程。同时老王深知案例讲解是传授方法论最好的教学方式，于是从工研院众多的"NSDB"案例中，挑选一个最适合 H 公司的服务系统案例。对习惯于产品制造思维及 S-n-d-b 创新模式的 H 公司而言，老王试图以工研院的"全温层物流服务系统"案例，改变 H 公司的研发创新思维与作为……

⧗ 无所不能的"NSDB"之创新模式

　　企业创造顾客价值的根基是一个令顾客心动的价值主张，所以企业的任何创新若没有价值主张为根据，便无法为顾客创造价值，因而无法为企业创造价值。在前一章中，我们提供了打造"NSDB"价值主张的架构与流程，只要将创新构想套用"NSDB"金三角分析，就可以产生高价值创造的"NSDB"价值主张。但是"NSDB"价值主张并不是分析一次就可以产生，亦不是把 N–S–D–B 串联一次就可以竟其功。如图 1 所示，打造"NSDB"价值主张是一个不断重复检视与精进 N–S–D–B 的过程，而通过每一次的检视与精进，就像龙卷风一样，每卷一次，就产生愈大效果。

　　由于"NSDB"是 2005 年工研院长李锺熙博士率先推出的创新方法论，"NSDB"成为当时全院所有研发创新的共通语言，通过"NSDB"的创新模式，工研院的研发计划都会以"NSDB"的创新模式来检视，借此快速截取计划创造价值的要素，并打造计划对顾客的价值主张，呈现计划对顾客所创造的价值。

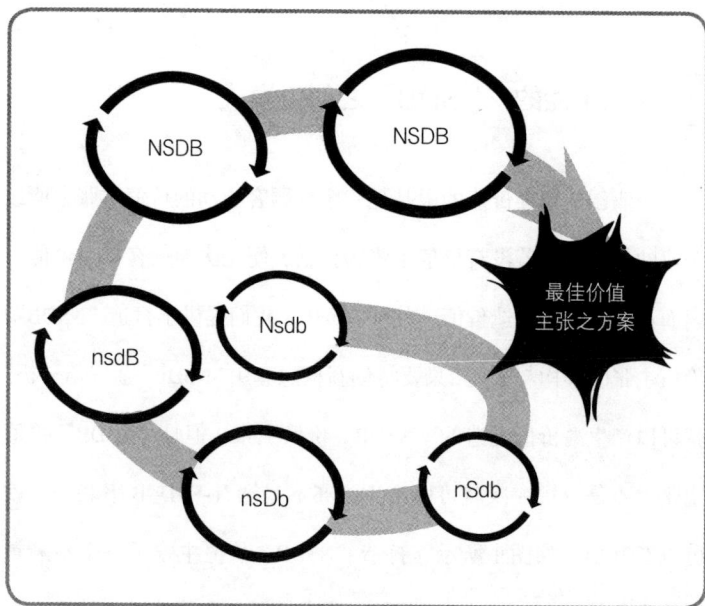

图1　"NSDB"是不断重复检视与精进的循环过程

⏳ 来看看"全温层物流服务"的成功个案吧！

有鉴于台湾地区产业以往的研发计划都比较偏向"技术追随者"，而不是"价值创造者"，本书特别选择工研院的"全温层物流服务系统"案例作为解说"NSDB"价值主张的实际范例，原因在于"全温层物流服务"除了是工研院所执行的第一个服务型科专计划（指台湾地区为了协助产业科技发展，配合"科学技术发

展方案"而实施的计划），其所开发的服务系统方案亦开创了全
世界崭新的冷链物流模式，对冷链物流业产生革命性的思维与影
响，堪称"高价值创造"的典范。本章首先描述"全温层物流系统"
的完整个案背景，接着套用"NSDB"金三角的分析架构，整理出
分析的结果，进而打造"全温层物流系统"的"NSDB"价值主张。

❶ 个案摘要——为什么会有"全温层物流系统"的想法

工研院能源与资源研究所（能资所）洞察物流节能需求和机会，
而传统以冷冻车为主的冷链物流既不环保又低效能，因而研发出"全
温层物流系统"，让物流业者通过多温共配的技术与服务机制，提高
配送效率、显著节约能源成本，并借此扩展客源和配送量，增加获利。

❷ 挑战与市场情境——"全温层物流系统"可能遭遇什么难题

空调技术一直是工研院能资所的主要研究领域之一，历经各
种材料演变、节能再生等风潮的兴起，屡屡都有创新技术问世（如
吸收式热泵），但随着产业成熟和市场饱和，发展动能不免趋于
缓慢。就在空调面临瓶颈之际，能资所发现他们长期忽略的冷冻
领域有很多市场机会，可以延伸既有空调技术的专业和经验。

例如，能资所研究员就观察到，单是冷冻食品从制造完成起，
到消费者购买回家的过程当中，在不同场所都需要冷冻设备。从

最源头的急速冻解机（–40℃）、冷冻柜、冷冻车运输，到卖场冷冻仓库、冷冻展示柜，甚至消费者家中的冰箱等，而这一系列的冷冻设备在当时还没有太多的兼具机能与质量的选择。

工研院掌握这个冷冻设备发展目标后，虽然先后通过几次项目计划，开发出节能效率达30%—40%的冷冻展示柜、冻结机等设备原型品，也陆续把技术转移给产业界，但仍感到欠缺一个更具有经济规模发展的可行方向。直到由冷冻设备厂商牵线，实际走访物流业者后，研究团队才决定针对他们对运输冷冻设备的诸多需求切入，优先着手解决业者希望冷冻车"一车多温共配"的渴望。

为什么物流业者需要一车多温共配呢？探究起因，台湾地区多元的饮食和生活，以及追求健康、安全和简便的消费趋势，使冷冻冷藏食品大行其道，物流运输业者的市场需求也顺势增长。但是传统的低温物流还是以单温冷冻车或冷藏车为主，其冷冻系统依赖引擎带动，物流全程不能熄火，不仅耗能、噪音大，而且冷冻车在装卸过程经常开开关关，造成冷冻温度不均，还有货物无论多寡，装载率多少都要出车，配送效率不佳。

而物流运输的顾客，无论大众消费者还是店家卖场，都十分关切配送过程有没有失温，货品会不会变质，网络刷卡是否安全，网络购物是否真的会准时收到货。因此，物流运输业者要在竞争市场中脱颖而出，不外乎要在营运成本和服务质量两大竞争力要素之间取得最大交集——营运成本涉及配送成本、车辆利用率，而服务质量体现在最佳温度控制能力和物流配送效率。

当时，有少数宅配物流业者率先与日本业者合作，投资引进"低温宅配系统"方案，但因为投资金额和多温共配模式不尽理想，并没有造成物流业界太多的跟进仿效。

❸ 目标顾客、顾客需求与需求情境——从顾客的角度来切入

长期投入冷冻空调技术研发有成的工研院能资所，观察到当时生鲜食品的物流运输业者对于在同一辆货车内，能载运不同温度保鲜的食品有强烈需求，便开始设想如何在既有冷冻技术基础上，发展出新的解决方案。

当时物流运输业者面临几个主要难题，当务之急是"提高运送效率"。因为冷冻冷藏车的动力来自货车引擎，每当停车或塞车就会产生怠速运转，导致冷冻力不足、排热造冷效果不佳，进而影响了食品的质量和卫生；再加上国际能源价格持续飞涨，油料费用只升不降。这种来自安全卫生与运输成本的双重压力，迫使冷冻冷藏物流车队不能再依循既有模式营运，想要找到竞争生存的立足点，就必须有所改变。

另一方面，物流运输业者还烦恼另一项庞大支出，那就是专用冷冻、冷藏车造价高昂。不仅是车体造价高昂，冷冻机组相关

构件也所费不赀，导致扩大车队的投资成本十分可观。因为不同食品要通过不同温层设备运送，冷冻车数量和型号繁多，购置成本不经济，维修和操作成本很高。而且在现有法令下，同样条件的冷冻力和设备，车用型比陆用型的货物税硬是多出15%。物流运输业者冀望的理想方案是：在一辆冷藏冷冻车厢内，能同时载运不同温度保鲜的食品，以追求运输过程的最大使用率。

为此，能资所的研究团队首先思考：要如何让温度稳定，又能不受到车子引擎会熄火的影响？而且如果冷冻车的引擎不需要再供给冷冻柜动力，也会减少耗油，替物流运输业者省下一大笔钱。除了消极节能之外，新的解决方案还要让目标顾客可以增加营收——就是要怎样才能在一部冷冻车内，同时间运输不同温度需求的物品，以提高货车单趟运输的载物率；所谓的"不同温度"，大约是从 –40℃到20℃。

④ **解决方案——多温层物流技术，实现"一车到底"的节能模式**

厘清目标顾客的需求后，能资所的研究小组经过一番阅读文件、报告和深度讨论后，把新计划研究方向定调为"全温层保鲜"，就是研发出可以在一个保鲜柜内，装配多种定温的蓄冷装置，一并解决冷冻与冷藏同车运送的效率低、油耗量大以及整体设备维护成本高的问题。

研发团队也花时间通过渠道，想办法见到了台湾地区大型物流服务企业的领导者。其中研究计划主持人郭儒家用 15 分钟的时间，说动了一家货运公司的董事长，并同意让他亲自跟车，了解物流配送的流程和实际操作过程的关键。

研发团队根据访谈物流运输业者，到转运中心现场走访当地主管，了解他们的期望和需求后，提出"蓄冷保温箱"的构想，里面放置片状的蓄冷片。蓄冷片就像是冷冻电池，特殊的配方可以提供箱子里长期而稳定的温度，还可以针对不同货物温度的需要，设计不同温度的箱子，使得物流公司可以在同一台车子中运送不同温度的货物。经过不断研究、试验后，研发团队确定了"全温层"的概念，包含蓄冷保鲜模块、多温层蓄冷片、温层监视器、RFID 辨识系统等六大科技核心元素。其中，蓄冷保鲜模块更细分为蓄冷保温箱、保温柜、蓄冷器、蓄冷器冻结机，以及电子式温度资料搜集记录元件等（全温层保鲜宅配运作模式请见图 2）。

紧接着，研发团队再度联袂走访另一家物流宅配公司的转运中心，拜访了实际管理后勤作业的主管和执行配送业务的司机，这回意外获得好用的情报。原来该公司替一家连锁餐饮业者配送保鲜食品，由于冷冻车队配送货的时间大都在白天，加上该连锁店大部分门市店铺位于都市区，门市店员需要在营业期间特地到店外点货、进货，频频向总公司抱怨工作被干扰。

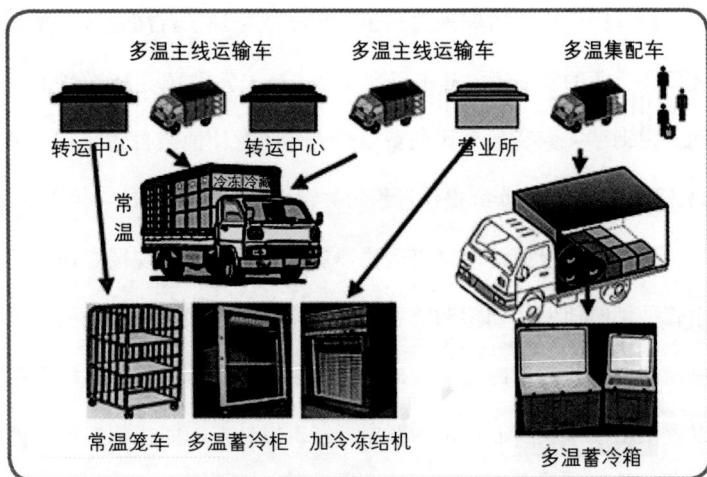

图2　当时常见之低温物流配送方式

研发团队设想，把冷冻和冷藏的货品，分置于适当温度的蓄冷箱，而且把这些蓄冷箱装配在同一部冷冻车内。因为蓄冷箱可以维持定温长达 12 小时，所以物流配送货的时间改成夜间进行，直接把货品摆放在门市店内。如此一来，当连锁店的员工在早上开店时，可以轻松处理维持鲜度的货品，营业工作不再受到干扰。而物流服务公司既改善了顾客的满意度，也实质降低了车队的营运成本。

⑤ 差异化与竞争情境——让创新永续不被取代的关键

"抽换式蓄冷保温箱"概念能够有机会吸引物流运输业的原

因，在于设备需求、设备稳定性、温度和空间弹性、系统投资和操作成本等层面，都有革新的方案。

传统的机械式或机电共享式冷冻车，打开车柜大门就是隔间式的冷冻／冷藏库，或电冰箱保冷柜，体积庞大、移动不易。虽然这些冷冻柜也可以多温共配，但因为采用机械冷冻的原理，造成均温性偏低；更别说冷冻系统的使用寿命平均约只有 3 年，整体的投资成本仍显高昂。

而工研院研发的"抽换式蓄冷保温箱"几乎避免了前述缺点。只要一般货车，不需要购置昂贵、固定式冷冻车，就能通过"集中式一般冷冻机"达到共配目标，并符合质量和卫生要求。这些"抽换式蓄冷保温箱"可在离峰电力时段执行蓄冷作业，加上独特的"不开门"保温柜操作方式，方便使用者操作，试验所得的节能效率高达 40%——节省电力成本的效益立马可见。

工研院也花了巧思，把不同温度的蓄冷保温箱（柜）以不同颜色区分，这样一部车共配哪些保鲜商品就能一目了然，货车运行也因此提高了装卸效率、缩短了搬运时间。而且，因为多温层作业彻底与货车动力脱钩，既能确保运送过程的质量卫生，抵达目的地也不再需要开着引擎暂停车。这样，减少废气排放，也算有益于环保。此外，相较于台湾地区引进的技术既费用高昂又不易变更，工研院的全温层物流技术来源就近在本土，工研院团队可以更富弹性地根据顾客营运的特殊需求，提供快速的解决方法。

工研院开发"全温层物流"过程中，总计产生了45项专利，远超过美、日等国的个位数专利，并在技术、新创、整合与商品化等层面，营造出29项商业机密。

⑥ 效益达成——全温层保鲜服务产业联盟，打造台湾新鲜岛

事实上，任何新式解决方案都必须兼顾产品差异化和成本导向，这套"全温层物流系统"当然也在效益和成本两大要素有明显的表现。以往，需要物流配送的货品——无论是低温、常温、快递或零担者，物流业者在收件承揽之后，都要把货品先集中到个别适温的仓储转运站，再分配装货到特定温度的货车。而导入这套系统的物流运输业者可以扬弃这种直线作业方式了。

现在，通过仓储、货车、配送箱柜的共温机制，物流运输业者显著降低了成本、提高了物流配送效率，进而在营运架构脱胎换骨，投资毛利倍增，首度有机会达成物流业戮力追求的最高营运目标——少量、多样、新鲜、高频率、实时、高效率的多温店铺配送。

另一方面，"全温层物流"让工研院能资所有效延伸长期累积的冷冻空调技术经验，更通过创新应用的成果，增加了技术转让的专利收益。

除了物流业者的营运效益显著增加，终端顾客更身蒙其惠，

郭儒家也指出："当我们以蓄冷箱取代冷冻冷藏车，提升了服务的本质和感知效益，同时，物流业者因为愿意投资新的解决方案，而显著节省了成本、提高多温物流服务系统的效益。但别忽略一件事，终端使用者并没有因为这些新投资而要付出额外的成本，甚至反而享有更好的服务质量。物流业者节约的成本，可以转化成反馈顾客的竞争优势。"

事实上，这样的"全温层物流"不只限于单一业者的投资，也是物流产业链一套理想的整合平台。郭儒家后来说动了大荣货运、大和物流和太世科技，共同建立台湾地区第一座采用"轴幅式"运输模式的协同货物运输平台。这座投资 2 亿台币、带有试验性质的多温层共配营运平台正式启动。原本的个别转运站经过整合后，成为所有结盟业者共同使用的联合服务中心和速配站，上游的收件对象也进一步扩大，含括了生产（产地和工厂）、通路（卖场和门市）、消费者（个人和公司）。更重要的是，原先要购置各种低温、常温和快递车辆的投资，现在通通只要购买一般货车就够了。

当时"全温层物流"有大荣货运、台湾宅配通、中华邮政、统一速达等企业机构相继采用。以统一速达执行全台 7-11 统一超商订单的流程为例，工作人员接获订单后，会先把货品整理到蓄冷箱，再依需要置入适当温度的蓄冷片，装箱堆栈后就拉货上车，直接配送到门市下货——从 –25℃的冷冻食品和 5℃的饮料，到 18℃的御饭团、三明治或御便当，只要一辆货车，单趟配送就搞定。统一便利店 300 多家门市一年的共配效益高达 1100 万元，影响该公司 10 亿以上的营业额。

"我们投资新台币 2 亿元后，结算初步毛利提高了 1 倍，配送时间节省了 3.5 小时（相当于提高 30% 的配送效率），同等运量规模的整体投资，大约节省了 70%，效益相当显著。"工研院的项目报告清楚列出这项台湾地区第一件策略性服务导向的业界科专计划所展现的惊人效益数据。报告中也进一步揭示："我们也预估在扩大使用这套"全温层物流系统"后，本地的宅配产业将从 2003 年的 40 亿、2005 年的 90 亿的经济规模，到 2010 年增

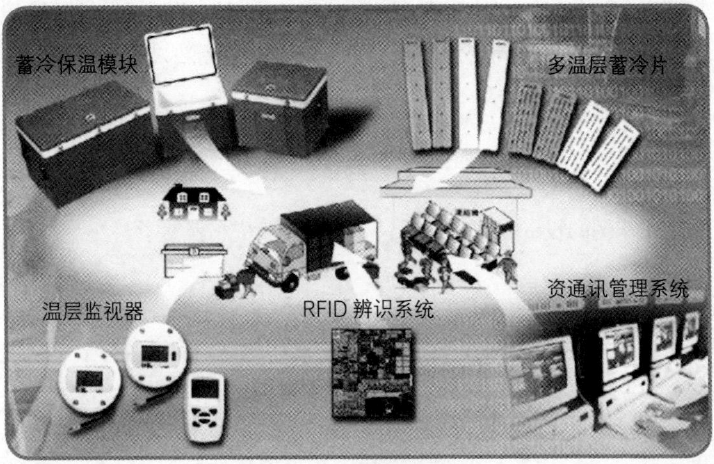

图 3 "全温层物流系统"

长到 200 亿，这将全面带动台湾地区物流、金流、农渔和居家服务

产业的创新发展。"

⧗ 个案总结："全温层物流"的金三角分析

如果运用"NSDB"金三角的分析架构，分析"全温层物流服

务系统"的价值创造，就会产生如下表的分析结果：

表 1　"全温层物流服务系统"的"NSDB"金三角分析

	案主	工研院能源与资源研究所
需求分析	挑战	冷冻技术领域在空调设备发展已成熟饱和，能资所期待能够将此技术加以运用，创造新的应用领域与市场机会。
	市场情境	·本地的饮食习惯逐渐走向效率精致化，并且注重食材质量，鲜食市场与低温食品物流市场快速成长。 ·宅配市场前景可期。
	目标使用者	保鲜食品物流业者。
	使用者需求	运货能够少量、多样、新鲜、高频率、实时、高效率，并且能够节省成本。

续表

方案分析	使用情境	运送货品时，整体配送路线设计、货物转运中心配置。
	解决方案	多温共配物流系统：蓄冷保鲜模块、多温层蓄冷片、温层监视器、RFID辨识系统等六大科技核心元素。
差异分析	竞争情境	已有日本宅配物流业者系统引进台湾地区宅配物流市场。
	差异化	·车体使用寿命长、配装容易有弹性、运送过程货品均温性高。 ·申请45件专利、营造29项商业机密。
效益分析	效益	对使用者：节省投资成本70%，货品配送率提升35%。 对案主：数倍技术转让的营收。

⧗ "全温层物流"的"NSDB"价值主张

根据"全温层物流服务系统"的"NSDB"金三角分析，其"NSDB"价值主张的组合为：

N 针对保鲜食品的物流业者对运货能够提升配送效率，并且能够节省成本的需求。

S 开发多温共配物流系统的解决方案。

D 借由使用寿命长、配装有弹性、运送均温性高等差异化。

B 为方案使用业者节省成本 70%、提升配送率 35%，以及为能资所增加数倍技术转让的营收。

Chapter 4

好点子都躲在哪里呀?
——创新商机藏在未被满足的

顾客需求中

　　H公司是台湾地区科技产业发展最典型的制造商，最早是代工计算机零组件的原始设备制造商（Original Equipment Manufacturer, OEM），后来发展为计算机产品的原始设计制造商（Original Design Manufacturer, ODM），为了提升公司在全球市场的竞争力，甚至投资品牌营销，晋身为全世界最大的品牌计算机商之一，并将小王升任为公司的创新研发处处长。为此小王到工研院取经创新的根本之道，学习"NSDB"的创新方法论。根据"NSDB"的模式，小王首先需要学习的就是需求探索，懂得挖掘市场的新商机，这代表小王要从技术导向的研发思维转换为市场导向，不仅要知道如何进行市场分析，辨识市场商机（需求）为何，还要找到公司具有竞争优势的市场商机。在学习的过程中，小王对让Apple公司起死回生的iPod案例特别有兴趣，因为小王也在思索如何进入H公司尚未进入的新市场，他非常好奇乔布斯为什么对数码音乐市场这么有眼光，而且原来是计算机提供商的Apple如何能够开发出创造如此高价值的数码音乐播放方案（iPod+iTunes）……

⧗ 投资一定有风险，请先做好"市场研究"

企业成长必须持续创新，而创新需要打造令顾客心动的价值主张，价值主张代表顾客与你而不是与你的竞争对手做生意的理由，也说明你提供给顾客解决问题的方案如何为顾客创造价值，除非你与顾客沟通过并了解顾客需求，否则你是没有办法提出令顾客心动的价值主张的。根据"NSDB"价值主张的逻辑，打造一个对顾客价值"加倍奉还"的价值主张，起始于顾客需求（Needs）。曾有一项研究显示，高达80%的研发计划无法产出商品化的成果，而33%至60%已上市的新产品或服务没有产生足够的经济价值，造成企业研发投资的报酬不足。而且愈是前瞻的新产品或服务，研发投资的风险愈高，因此企业从事研发创新经常会面临投资与报酬两难的困境。这项研究发现，市场导向不足是研发计划无法产生经济效益的最主要原因，换言之，研发创新失败的主要原因为市场需求分析不够，研发出来的新产品或服务没有办法满足市场需求。

上述研发创新的困境同样会发生在台湾地区许多擅长代工模式的制造业者身上。另一项针对全球 650 个领先制造商的研究指出，推出新的产品和服务是企业成长的第一要素，然而，产品或服务创新仍然不是受访厂商最重要的优先级，因为 50% 到 70% 的新产品或服务推出会失败的第一项因素，便是制造商对顾客需求的信息不足。其他因素则包含：供应商能力不足，不愿在研发上拨出额外开支，以及制造商的创新方法无法支撑产品、顾客与供应链三者所需要的整合。而这些因素在台湾地区对长期代工为主的制造商而言，更是阻止其成长甚至危及其生存的死穴，由于代工主要是满足下游厂商降低生产制造成本的需求，通常对消费市场的顾客需求了解有限，夹在供应链中游的制造商又常受限于上游厂商的供应能力及下游厂商的成本要求，所以投资在新产品或新服务的研发资源就容易面临投资报酬率的质疑，而资源原本就不足的众多中小企业，是否有能力从事了解市场需求的市场研究，就变成"但是又何奈"的辛酸。

⌛ 一切创新都从"分析市场需求"开始

企业的永续生存需要不断地创造新的价值，纵使面对研发创新与投资报酬的两难要求，企业还是要运用正确的创新方法。找准市场需求是企业创新的第一要素，所以"NSDB"金三角的分析方法强调，企业要成长，便需要投入新产品或服务的研发，首先要从市场需求分析开始，其中市场需求分析又可进一步区分为"市场分析"与"需求分析"。

市场分析着重于找出市场机会的源头，确认市场需求的目标对象，也就是企业研发所欲服务的顾客群（市场区隔）。

而需求分析着重于找到某市场区隔的真正或重要需求，需求指的是目标顾客对某项产品或服务的偏好，包含不同的市场区隔对需求的异同、需求的规模以及需求成长的速度与轨迹。

一个市场区隔是由一群具有共同特质（或需求）的顾客所组成的，例如：某手机厂商将其智能手机的目标使用者设定为在都市工作的白领阶层。而不同的市场区隔对相同产品或服务的特性也会有不同程度的需求，例如有些智能手机的白领使用者比较重视手写与笔记的功能，而年轻的手机族群可能强调照相及自拍的功能，所以手机厂商会根据不同的需求发展及营销手机的特性，达到市场区隔的目的。

企业通常会先选定某一特定市场区隔，集中力量发展在此区隔的竞争优势，在逐渐成为此区隔的领导者后，再扩展到相关的市场区隔。所以市场需求分析的主要目的有二：找到对企业具有商机的特定市场需求；确认企业有能力满足此市场区隔的顾客需求。美国两位知名的管理学者拉姆·查兰（Ram Charan）和诺尔·迪奇（Noel Tichy）在其合著的《经营成长策略》（*Every Business is a Growth Business*）中就指出，只要能找到需求尚未被满足的市场机会，或是开发出比既有产品或服务更能满足顾客需求的新产品或服务，每家企业都可以是高速成长的企业，而企业成长模式可以根据顾客需求而定，如图 1 所示：

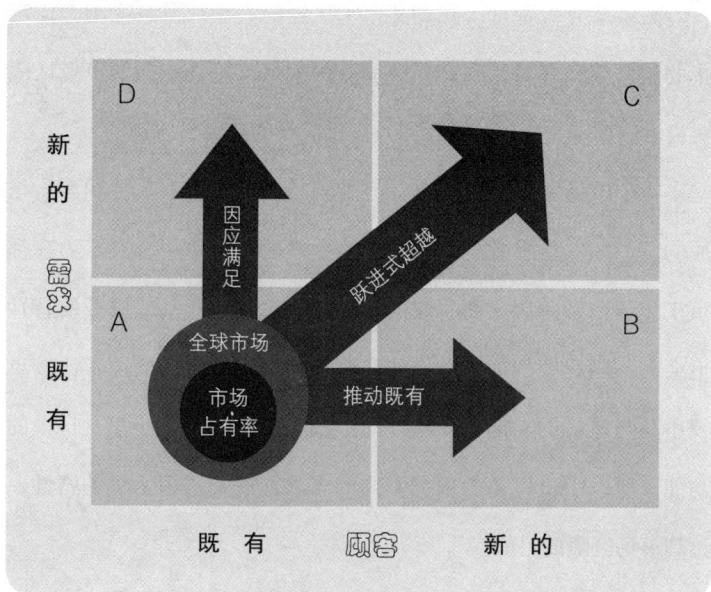

图 1　企业成长模式

图中的方格 A 代表一家企业以既有的产品或服务满足既有顾客（市场区隔）的需求，也就是此企业的产品或服务目前在全球

市场的市场占有率，企业若要成长，必须有能力服务新的顾客或
满足新的需求，因此其成长的模式有三：

① 推动既有产品或服务（方格 B 模式）

以既有的产品或服务去满足新找到的市场区隔，前提是企业
有进入此市场区隔的竞争优势。例如某手机厂商在一些新兴市场
中具有品牌优势，把旧式样的手机重新包装并以较低的价格卖给
这些市场中收入较低的用户。

② 因应既有顾客新需求（方格 D 模式）

在既有的市场区隔发现新的顾客需求，并开发新的产品或服
务去满足新的需求。例如某手机厂商在目前以追求时尚为主的手
机用户身上发现这群顾客特别喜欢炫耀他们的手机，于是结合某
时尚品牌厂商的设计，推出高价限量版的时尚手机。

③ 找到新顾客，满足新需求之跃进式超越（方格 C 模式）

企业发现新市场区隔的新需求，并开发新的产品或服务来满足
新的顾客需求，通常这种突破式的创新会带给企业跃进式的成长。
例如 Apple 开发的 iPhone 就是针对喜欢以手指触控来操作手机的
手机用户，以手指触控操作手机代表新的需求，而这群用户也代

表在传统手机市场产生新的市场区隔。

⌛ 到底"市场分析"凭什么如此必要？

市场分析首先要辨识能创造价值的市场机会，找到具有足够经济规模的市场区隔，也就是具有共同需求或特质的顾客群要够大。市场的需求量必须达到值得企业投入并可以获利的规模，否则企业开发出再先进、再前瞻的新产品或服务，也会落得"壮志未酬身先死"的下场。

虽然研发前先进行市场分析对研发人员或投资者是很简单的道理，可是研发计划的失败率还是如此之高，而在市场惨遭滑铁卢之役的新商品也是屡见不鲜。例如，Apple 最早推出个人数码助理器（PDA）牛顿（Newton），产品与技术创新虽然举世瞩目，当时把创办人乔布斯赶出公司的执行长斯卡利（Skulley）更视牛顿为公司的代表产品，但是市场需求评估错误，产品推出时机过早，销售远低于预期目标。牛顿最终被市场淘汰，而斯卡利难辞其咎因而下台，也间接促成乔布斯重返 Apple。

就此而言，企业最忌讳—有自以为不错的创新构想，未确实进行市场需求分析，便一头栽下去研发新商品。否则，会出现新商品开发出来，却不知道市场在哪里的情况，造成不知道新商品该卖给谁，该如何卖的问题，结果变成卖不出去或卖不好商品的亏损状态。当然，全球竞争的市场瞬息万变，影响市场变化的因素多如牛毛，任何人都无法精确地评估或预估市场规模，遑论尚未上市的新商品对未来市场变化的适应性。因此，市场分析是一项经常性的工作，即使已决定进行新商品的研发，也要随时注意市场的变化。从事市场分析时，无须过度强调数据的精准度，但是要关注决策判断所依据的数据的可靠度，而决策者除了数据市场分析的数据外，也不要忽略本身的经验或直觉，所以市场分析最重要的是结论，而结论是结合科学与艺术、理性与感性、数据与直觉的综合判断。

⧗ 市场分析第一步，先要辨识市场商机所在！

为了找到值得投入的市场，企业通常会在企划、营销或研发部门设置专人专责的团队或专门的分析部门进行市场分析，市面也有许多市场分析的工具及方法，企业也可以购买市场研究机构的报告，或委托专门的顾问公司进行市场分析。

市场分析就代表企业发展所需要的眼睛，没有进行市场分析的研发或企划，就像"瞎子过河，摸不着边"，只能凭运气，而好的市场分析就像"眼睛看透三层壁"般，可以看到别人看不到或尚未看到的市场商机。

如何在众多干扰市场变化的不定因素中，看到创造价值的市场商机，是市场分析的第一步。套用业界常用的"PEST"（或"STEP"）分析工具，将可能影响市场商机的因素归纳为四种变化：政治与法规的变化（Political）、经济的变化（Economic）、社会与文化的变化（Socio-cultural）、科技的变化（Technological）。成功的市场分析可以了解这四种变化所产生的市场机会。

我们延续第二章 iPod 的案例：虽然我们不确定当年乔布斯的团队是否运用类似"PEST"的方法进行市场分析，但是就当年随身音乐播放器市场的"PEST"分析（如表1）可以发现，当时数码音乐市场的需求并非市场主流的 MP3 音乐播放器，而是一个可以简单、便宜且合法下载任何数码音乐单曲的平台，也就是 iTunes，而 iPod 本身是搭配 iTunes 下载音乐的播放载体；Apple 反而是根据使用者的特质，将 iPod 区分成不同的市场区隔，推出不同的 iPod 产品系列，例如 iPod Mini、iPod Shuffle、iPod Nano 及 iPod Touch，扩大 Apple 在全球音乐播放器市场的占有率，并成为数码音乐市场的领导者。

表1 iPod 案例的"PEST"分析

政治与法规的 （Political）	· 市场上数码音乐盗版猖獗，数码音乐因为容易盗录复制而受到唱片业的抵制。 · 唱片业大张旗鼓组成音乐资产保护联盟如IFPI，宣扬保护数码音乐对产业发展的重要性，并游说政府修法，正视数码音乐遭侵权盗录的问题。 · 唱片业要求执法部门严厉打击通过网络传播非法数码音乐的行为，并不断地通过诉讼捍卫权利。
经济的 （Economic）	· 网络分享数码文件的对等计算（Peer to Peer, P2P）技术当道，计算机使用者往往基于经济考量，乐于传递与聆听免费但非法的数码音乐。 · 消费族群认为必须购买整张 CD 内所有歌曲的商业模式并不划算。 · 网络经济泡沫化，使许多投资者却步，增加网络相关事业的筹资难度。 · 由于市场产品选择多，消费者倾向购买经济实惠，特别是储存容量高、容易操作与携带的音乐播放器。
社会与文化的 （Socio-cultural）	· 从 Sony 推出"随身听"以来，音乐消费者喜爱随时随地可以聆听音乐，对随身音乐播放器的需求一直存在。 · 许多数码音乐的爱好者通常也是创新科技的追随者。 · 世界各地都有死忠的 Apple 迷及乔布斯粉丝，形成特有的 Apple 社群网络，协助鼓吹及营销Apple 产品。

科技的 （Technological）	·MP3是数码音乐市场将数码声音文件压缩成最流行的音频压缩格式。 ·随身音乐播放器的技术与文件格式推陈出新，众多厂商也投入研发，生产新世代的播放器。 ·唱片公司为防止盗拷，发展数码版权管理（Digital Rights Management, DRM）技术保护其音乐资产。 ·数码音乐播放器生产厂商多，竞争激烈，各家的播放器技术差异性低。

⧗ 做市场分析时，也别忘了进行企业竞争力分析！

市场分析除了从外在的环境变化找出市场商机外，也要从事企业本身对于捕捉商机的竞争力分析。

市场商机往往稍纵即逝，一方面因为外在环境变化快速，商机因变化浮现，也会因变化而消失。举例而言，全球的绿色能源商机，容易受政府的环保法规影响而变异，而一个国家的环保法规又经常受到全球环保协定的左右。

另一方面，一家企业纵使比别家企业先看到商机，若没有能力实时开发对应的新产品或服务去捕捉商机，眼睛再亮也是枉然；又或者开发出来的新产品或服务不具有足够的竞争优势，就很容易被市场的竞争对手迎头超越，反而被竞争对手抢去商机，这种市场先驱者被后起之秀打得无法起身的商业案例简直不胜枚举。

所以市场分析不仅要衡外情，也要量己力，以确定企业有超越竞争对手的能力及资源去捕捉商机，而且可以持续地保护商机不被竞争对手抢走。企业可以结合多种竞争力分析的方法与工具，例如波特五力分析、价值链分析、核心竞争力分析、竞争者分析及 SWOT 分析，从分析的结果导出企业的竞争优势及竞争策略。

举业界常用的 SWOT 分析为例。SWOT 主要是分析组织内部的优势（Strengths）与劣势（Weaknesses）以及组织外部的机会（Opportunities）与威胁（Threats），导出企业的竞争策略。如果套用 SWOT 分析 iPod 案例，如表 2 所示，即使是事后诸葛亮，读者也可以清楚发现 Apple 当年是如何善用优势，弥补劣势，捕捉机会，回避威胁，以及为何要开发跨操作系统的 iTunes 在线音乐销售平台，并取得五大唱片业者的音乐授权，让音乐爱好者以 0.99 美元下载合法且受保护的单曲到 iPod 的。而配合 iTunes 的 iPod，外观时尚、操作简单且储存容量大，在 Apple 迷及乔布斯粉丝极力推崇下，上市后马上席卷音乐播放器市场。

由此可见，SWOT 是一个很基本的竞争力分析工具，它的结构虽然简单，但是可以很有效地用来发展策略。

表2 iPod 案例的 SWOT 分析

	优势（Strengths）	劣势（Weaknesses）
内部组织	·企业品牌形象佳。 ·创新的企业文化。 ·稳定的供应伙伴。 ·重视消费者需求及使用经验。 ·组织对领导者乔布斯的信赖（乔布斯在1997年带领 Apple 渡过破产危机）。 ·乔布斯对市场的敏锐度高。 ·全世界各地死忠的 Apple 迷及乔布斯粉丝。	·Macintosh 操作系统不开放，使所生产的产品仅能与 Apple 计算机兼容。 ·Apple 计算机与 Macintosh 操作系统的市场占有率低。 ·公司仍处于发展的低潮。 ·未有发展数码音乐播放器的经验。 ·尚未进入数码音乐销售的市场。
	机会（Opportunities）	威胁（Threats）
外部环境	·随身数码音乐播放器市场持续成长。 ·在线音乐销售市场仍属处女地市场。 ·合法下载的数码音乐市场潜力大。 ·数码音乐贩售仍以整张 CD 的所有乐曲为主，尚未出现贩卖数码单曲的商业模式。	·众多厂商已推出随身数码音乐播放器，市场竞争激烈。 ·市面的数码音乐播放器多与 Windows 系统兼容，消费者的 PC 也多数搭载 Windows 操作系统。 ·市场上盗版问题严重，数码音乐文件（如 MP3）受唱片产业抵制。 ·市场上没有标准的数码音乐版权管理技术。 ·网络经济泡沫化后，投资人对于网络事业投资趋于保守，可能增加筹资难度。

市场分析在于协助企业找出本身具竞争优势的市场商机,而需求分析则可以协助企业进一步确认重要的顾客需求,据以开发出对顾客真正有价值的解决方案。我们将会在下一章解说如何进行需求分析。

Chapter 5

开始分析你的点子是否可行吧！
——需求为创新之母，学会如何进行

需求分析

小王理解拥有创新目的的创造价值，若要开发出对顾客有价值的方案，就必须具备市场导向的研发思维与作为，于是潜心学习市场分析的技能与方法。

小王从 iPod 的案例得知，当年的数码音乐市场商机虽然无比庞大，但数码音乐播放的软硬件已是百家争鸣，市场竞争激烈，特别是 MP3 格式的数码音乐已蔚为主流，所有大厂都已经投入 MP3 播放的软硬件，Apple 公司如果只是跟着开发 MP3 音乐播放器一定为时已晚。然而乔布斯在做过顾客需求调查后发现，当时的随身音乐播放器根本无法满足消费者多项重要需求，于是采取与既有竞争对手不同的产品发展策略，并借由 iTunes 的商业策略，创造出数码音乐享受的全新商业模式，成就 Apple 成为全世界最大的数码音乐提供商。

iPod 案例让小王了解顾客需求分析对研发创新的重要性，顾客的价值创造起源于发掘顾客真正的需求……

⌛ 你要卖什么以前，先想想顾客想买什么吧！

许多研究都指出，研发创新计划失败的主因是不了解市场导向，因此市场分析成为任何研发计划的前导步骤。由于市场是由一群具有共同需求的顾客所组成，市场分析的首要目的为发掘对企业有价值的目标市场，任何企业所要进入的目标市场也必须要求企业有足够的规模，而需求分析在于找出对顾客有价值的重要需求，只有这样，企业才得以研发及提供满足需要的顾客方案。

市场分析在于辨识市场的商机所在，但是企业为捕捉市场商机，必须提供满足市场目标顾客需求的方案（技术、产品或服务），而且必须具备发展顾客方案的核心竞争力。需求分析与市场分析，

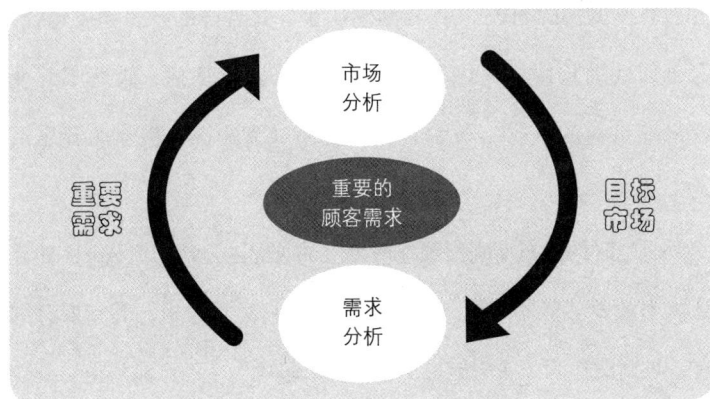

图 1　市场分析与需求分析的关系

如图1所示，是一体两面、互相依存、相辅相成的关系，进行这种分析，最终是希望找出企业具有竞争优势的"重要顾客需求"。一旦找出，企业可据以开发满足需求的顾客方案，如此顾客愿意购买企业所提供的方案，企业投资也因此有所回报，创新的结果可为企业与顾客创造双赢的价值。

⧗ 顾客需求分析——以 iPod 为例

再以第二章的 iPod 为例，自从 Sony 在 1979 年推出全球第一台随身听开始，随身音乐播放器成为潮流，特别在 MP3 的数码音乐压缩技术推出后，各大厂商积极投入 MP3 随身听市场的开发。而网络文件传输技术的快速发展，使得储存空间小、上传下载速度快的 MP3 文件逐渐应用于各式各样的音乐播放场合，但也因此助长侵权数码音乐文件在网络大量散播，逼着唱片业者采取自保的手段，联手美国司法部取缔并控告侵权的音乐网站，甚至个人。

而当时的乔布斯刚回到他所创立的 Apple 公司，但 Apple 的计算机事业发展尚不理想，为避免再度面临经营危机，乔布斯急欲有一番新的作为，希望能推出让 Apple 起死回生的产品。他看到数码音乐市场的庞大商机，发现数码音乐随身听市场的消费者需求尚未被满足，然而选择在此时切入数码音乐相关领域并不被看好。首先，相较于各大厂商早已开始研发各式各样的数码音乐播放器，Apple 进入时间相对较晚；再者，当时的音乐传输、服务平台，皆是以 Windows 操作系统为主；而且 Apple 从未开发过令人惊叹的消费性电子产品，缺乏实际业绩。

于是 Apple 采取不同的产品发展策略，相较于其他竞争者以推出数码音乐播放器（硬件）为主，Apple 于 2001 年 1 月，首先推出 iTunes 音乐播放软件；iTunes 除了可播放数码音乐与视频文件外，还能方便使用者管理这些文件。此外，iTunes 能连接 iTunes Store，使用者可在此下载购买合法的数码音乐、视频、电视节目、游戏等。虽然 Apple 号称 iTunes 是"全球最佳及最好用的点唱机软件"，但当时市场上对 iTunes 的反应却极为冷淡。尽管市场上普遍不看好，Apple 仍决心研发数码音乐随身听。于是乔布斯指派员工进行需求分析，发掘数码音乐随身听真正未被满足的重要需求，并决定在 9 个月后的圣诞节时推出新产品。

乔布斯指派的员工在需求调查中，发现时下几项数码音乐随身听的重要问题：第一，消费者喜爱的 CD 可能有数百张，但大多数音乐播放器却仅能储存 10 多首歌曲，如果消费者想要听其他喜爱的歌曲，则必须重新存取，非常麻烦；第二，若使用储存容量大的音乐播放器，则体积过大，不便于携带；第三，部分音乐播

放器的控制按键太多，增加消费者操作上的困难；第四，竞争对
手无法掌握数码音乐产品的全貌，例如 Microsoft（微软）只生产操
作系统、Dell（戴尔）由外部采购硬件，而 Apple 可尝试一手包办
所有硬件、操作系统、应用软件与播放器的设计。

⏳ 来深入了解一下什么是"顾客需求"吧！

顾客需求，是在企业所提供的方案中，可以对某顾客群产生
效益的描述。例如：对老年人安全无虞的交通工具或可以让老年
人吃得更健康的食品。需求代表顾客对某项方案的渴望程度，这
种渴望是因为顾客认定这项方案并不存在，或市场上既有的方案
还不够好。就企业提供的方案是要解决顾客问题的观点而言，顾
客的需求来自：

1. 顾客还未被解决的问题，例如汽车的操作对许多老年人而
言过于复杂。

2. 希望获得比现有方案更能解决问题的方案，例如许多食品
的成分标示不够清楚，老年人容易误食或过量食用。

再以前述 iPod 为例，iPod 的顾客需求来自目标顾客使用数码
音乐随身听所遇到的问题。表 1 说明如何将数码音乐随身听使用
者的重要问题转化为重要需求，转化前要先界定目标使用者。

表 1 将数码音乐随身听使用者的重要问题转化为重要需求

目标使用者：追求潮流及音乐享受，但又不用担心音乐侵权的数码音乐随身听使用者。	
重要问题	重要需求
·播放器按键太复杂 ·播放器体积太大 ·无法仅选择喜爱的歌曲 ·播放器无法储存太多歌曲 ·设计不够新颖	·简易的操作界面 ·容易携带 ·可以挑选音乐 ·高储存容量 ·结合软硬件及平台 ·设计新颖流行

西方有句谚语："将问题定义好，问题就解决一半了。"（A problem well defined is a problem half-solved.）发掘顾客需求就是找出顾客的问题，针对解决顾客问题所提出的顾客方案才能满足顾客需求。顾客问题的程度代表需求的程度，愈是让顾客觉得"痛"的问题，愈是重要的需求。就像偏头痛的患者，头痛发生时是迫不及待需要止痛药才能止痛，这就是重要的需求。例如当年华硕开发的上网本，就是针对许多害怕使用一般笔记本电脑的老年人，他们的"痛"来自一般笔记本电脑功能太多，使用流程太复杂了。

一般而言，重要需求具有几项特质：很大的市场机会、会影响很多人、不容易被取代，以及有急迫性。举例而言，在台湾地区因为高龄化社会趋势产生许多老年人生活的问题，其中老年人的医疗护理就是重要的需求，市场商机庞大，影响所及不只老年人，也扩及老年人的家人。对老年人及其家属而言，老年人的医疗护理是无可避免的需求，一旦需要，就显得非常急迫；对政府而言，老年社会所要建构的医疗护理体系，更是社会发展无法忽略的一环，是极具急迫性的社会需求。但是，对可以提供方案的企业而言，老人医疗护理的市场还是过于庞大，鲜有单一企业提供的方案能满足所有的需求。所以，除了要进行市场分析，找到比市场竞争者更具优势的市场区隔外，还要针对此市场区隔的目标顾客进行需求分析，以确认此顾客需求对企业而言是尚未被满足的重要需求，如此企业根据重要需求所研发出来的方案才能真正创造顾客与企业价值。

表 2 以 iPod 为例，根据顾客需求的特质，说明 iPod 是可以满足数码音乐随身听市场的重要需求。

表 2　iPod 是市场重要需求

具有很大的市场机会	数码音乐随身听因为庞大的数码音乐市场具有很大的商机。
会影响很多人	使用数码音乐随身听的人，也是愿意在线购买合法音乐的消费者。
不容易被取代	Apple 计算机公司从软件、硬件到设计皆能一手包办，结合 iPod 与 iTunes 的整合方案是其他竞争者所难以取代的。
有急迫性	由于唱片业者对非法数码音乐的抵制及司法部门对非法数码音乐的打击，购买及播放合法但是廉价的数码音乐成为迫切的需求，而现存数码音乐随身听的功能与消费者需求不符。

⧗ 真正的需求为何如此难发掘？

真正能创造价值的需求是解决顾客重要问题的需求，然而对许多企业，特别是以"技术推动"为主的方案提供者而言，真正的重要需求往往却是难以发掘的，最主要的原因是解决方案的开发者如果无法跳出框架，容易受限于自己的技术专长与自信，局限在自己的专业领域或工作范畴。毕竟，根基于自己的偏见或先入为主的观念，会导致无法设身处地地去发掘顾客需求与开发顾客方案，不容易发现目标顾客的重要问题，最后在"不知道哪里发生问题"的情况下，就是以现有技术，来盲目地寻找市场。

相对地，"市场拉动"的做法，则是先找市场，才有技术。可是这种做法的困难度也是很高的，即使是受过市场研究训练或营销训练的专业人员，也不容易发现市场未被满足的需求，如果以传统市场研究的方法直接问顾客，顾客受限于自己的经验，也很难去表达他们真正的需求，问到的往往是顾客"想要的"，而不是真正"需要的"，所以真正的顾客需求往往是被发现的，而不是研究出来的。乔布斯就曾多次强调，他不相信现在的市场研究方法可以找出创新的来源，对他而言，洞悉顾客需求最重要的方法就是敏锐的观察力，这有赖于他自身多元的文化背景与丰富的人生经验。对于一个发现者而言，平常就要养成观察的习惯，要能突破思考框架，不要预设立场，只有专注于观察使用者及自己的使用经验，才能观察并发现他们真正的需求。

许多人认为需求是可以被创造的，但是事实上，需求不是创造出来的，而是一种发现，这就是"科技始终来自人性"的真正含义。人性无法创造，然而满足人性需求的方案可以创造。而且根据相同的需求，可以创造出很多不同的方案，其中真正能满足重要需求的构想称得上是创新，否则只是创意而已。台湾地区有许多无法创造顾客价值的创意，但是浪费了更多投资，所以真正的创新者并非创意十足的发明家，而是观察力强的探索家，能发现别人发现不了的真正需求。

真正的观察力就如同法国意识流作家马塞尔·普鲁斯特（Marcel Proust）所言："真正的发现之旅，并不在于寻找新的风景，而在于拥有新的眼光。"这也是西方人强调创新最需要"跳出框架"（jump out of box）的原因。只有创新者能够打破自己或传统的思维框架，用不同的角度或视野去观察，从而产生对顾客有价值的结果。

⏳ 学会探索顾客需求的方法！

　　发掘顾客未被满足的需求有许多方法，有些囿于顾客的使用经验，只能针对既有方案找出可以改进的需求，有些则可以通过预测的方式或用不同的观点找到新需求、开发新方案。表 3 列举了不同的需求研究方法，碍于篇幅，这里先不一一介绍。同样地，如表 4 所示，有许多的方法可以用来收集需求分析所需的顾客资料。

表 3　常见探索顾客需求之研究方法

既有市场／改良方案	新市场／新方案
· 焦点团体（Focus Group） · 市场调查（Market Research） · 产品测试（Usability Test）	· 情境规划（Scenario Planning） · 趋势分析（Trend Analysis） · 德菲法（Delphi） · 实地察访（Field Observation）

　　一般而言，传统的市场研究方法，例如顾客问卷调查或焦点团体，主要是询问顾客使用某方案的意见，容易受到顾客经验的限制，只能用于既有方案的改良。顾客常会因为没有经验，无法回应对新方案的看法，不知道自己有哪些新需求，或不知道如何解释新需求，所以，传统方法不适用于新需求的探索。然而新需求探索的方法，例如情境规划、趋势分析或德菲法，技术门槛较高，需要一定的专业训练，才能进行。

表 4　常见搜集顾客信息（含问题）之方法

· 顾客问卷 · 顾客满意度调查 · 顾客访谈 · 顾客座谈会 · 顾客资料探勘 · 次级资料的分析 · 使用者测试	· 假扮顾客 · 提供免费电话 · 顾客服务人员热线 · 收集销售店员的意见 · 顾客现场观察

以下我们将特别介绍几种方法，让有志于寻找未被满足的新需求的你们，可从实地察访法（观察与访谈）开始。由于此法进入门槛较低，无须艰涩的技术能力，任何人只要有兴趣，经过些许的训练及指点，都可以随时随地进行实地察访。

① 方法1：实地察访法（Field Observation）

实地察访就是在现象或事件实际发生的地方进行观察与访谈，但以观察为主，访谈为辅，主要是在观察之中或之后，若有观察不够清楚之处，再针对观察现象或事件的当事人进行访谈。访谈的目的主要为探讨及了解个别使用者完成某项工作的需求、行为及态度等深层心理因素。而观察法是指在自然、不加以干预的实际情境中，观察者根据特定的观察目的、观察提纲或观察表格，记录自己所看及所听，从而获取资料的一种方法。观察法强调在第一现场，第一时间，记录第一手资料。

但有时在观察的过程中，观察者会就观察所得不清楚或不明了的资料，于观察事件发生之后，访谈事件的参与者。若非不得已，观察者应尽量克制自己在事件发生的当下介入，包括访谈，避免事件的发生受到干扰，而产生不准确的资料。有时因为身为"局外人"的旁观者不容易取得事件当事人的内心感受或行为原因，观察者会把自己融入事件发生的情境中，如此观察者同时也是被观察者。例如想要了解某位员工为什么做某项工作老是出错，可以把自己融入在其工作情境，执行其工作程序，如此自己变成局内人，除了可以贴身观察这项工作程序外，也可以体会这位员工的内心感受。

表 5 列举观察法的适用情况、注意事项及观察重点；而在观察的过程中，观察者可在获得许可的情况下收集下列资料：

- 正式官方文件
√ 部门本身内部的档案
√ 组织内部成员的个人记录及档案

- 非正式个人文件
√ 日记、信件、自传、备忘录

- 照片与录像记录
√ 当事人自行提供
√ 研究者在研究现场拍摄

- 工作成果
√ 研发成果、手工艺品、工作报告

表 5　观察法

诀窍为观察"目标使用者（顾客）在完成某项任务或工作所遇到的困难或问题"	
适用情况	注意事项
·研究的场域是公开的 ·不是日常生活中的异常现象 ·无法运用访谈或问卷了解真实的行为时	·需实际深入第一现场 ·避免将个人情感带入观察事件里 ·随时留意提高个人的敏锐度 ·追踪记录使用者及其行为历程

观察重点——5W1H 法则
Who：在现场中有谁？他们的身份或角色为何？
What：在此发生了什么事？这些人做了什么事？
Where：现场位于何处？有什么自然环境？环境中的空间分配及物体摆设为何？
When：什么时机下会让使用者从事某项工作？
Why：该使用者为何想完成此项工作？
How：此项工作该如何完成？发生变化时该如何处置？

② 方法 2：任务导向察访之记录方法

由于需求探索要不预设立场，才能"突破框架"找到重要的问题，为了协助察访者找到真正的需求，这里特别设计了如表 6 的任务导向察访表，以利于实地察访者专注于重要问题的发现。这其中重点在于观察目标顾客于完成某项任务所遇到的问题，进而找出真正的顾客需求，而不是目标顾客目前使用的方案。

表 6　任务导向察访表

任务描述： · 使用者在何种情境下想要完成之事项 · 描述方式要含三要素：情境、行动、目标
目标使用者： · 要完成某项任务的使用者族群
困难与障碍： · 使用者欲完成任务事项可能遭遇之困难与障碍

所谓任务导向指的是，察访者要观察使用者完成一项任务所遇到的困难或障碍，任务的描述包含"情境""行动"与"目标"。以"网络上可以下载既合法又便宜的音乐单曲"任务为例，网络是"情境"，下载音乐是"行动"，既合法又便宜的单曲是"目标"。

任务的描述不应该包含目标顾客使用的方案，只有如此才不会掉入先有答案，才去找问题的陷阱。

以表7中的反例来说明，其任务描述并非使用者欲完成的任务，而是晚上运动之族群想要的"自行车道"方案，所以困难或障碍指的是"自行车道"方案可以改善之处，并非完成任务会遇到的问题。

在表8的任务描述中，夜间运动是情境，骑乘自行车是行动，舒适安全是目标，如此的描述使得晚上想骑自行车运动的族群可以有许多可能不同的方案，例如买辆自行车运动器在家运动或到健身房骑自行车运动器，就可以避免人车争道等夜间骑乘自行车的问题。

表7　错误的反例

任务描述： 有个安全的、可供夜间骑乘之自行车道
目标使用者： 想要晚上运动的人
困难与障碍： 1. 没有自行车道 2. 自行车道不够明亮 3. 自行车道不够宽 4. ……

表 8　正确的范例

任务描述：
在夜间可以安全舒适骑乘自行车运动

目标使用者：
想要晚上运动的人

困难与障碍：
1. 人车争道
2. 夜间看不清楚道路
3. 夜间看不到安全警告标示
4. ……

Chapter 6

顾客要的，其实没有你想的那么复杂！
——**创新！** 创新就是
满足顾客需求的最佳方案！

　　小王所任职的 H 公司是台湾地区典型的资通讯产品制造大厂，对大部分的员工而言，公司的核心业务在于开发及生产资通讯产品，研发产品及改良制程是公司的核心竞争力，开发以硬件为主的产品也是大部分研发人员根深蒂固的研发思维。但是小王在学习工研院的创新方法论后，特别从 Apple 所开发 iPod（产品）+iTunes（服务）的案例中，深刻了解再高超的技术或再优良的产品也都不是顾客掏钱购买的真正原因，顾客会购买的是解决他们重要问题的方案，创新的根源是满足顾客需求，创新的目的是创造顾客价值，技术、产品及服务都只是满足顾客需求与递送顾客价值的载体。所以小王为转换同人从"产品制造"到"价值创造"的研发思维，特别商请老王除了 iPod 案例外，再以 Eee PC 案例教导同人如何开发满足顾客需求的解决方案……

⧗ 创新从哪儿来？从市场价值与技术价值的交集来发掘！

美国已故的营销管理大师西奥多·莱维特（Theodore Levitt）曾说："人们不会想要 1/4 英寸的钻头，他们使用 1/4 英寸的钻头是因为他们需要钻一个 1/4 英寸的洞。"这句话指出顾客购买的不是产品或服务，他们真正需要的，是可以为他们解决问题的方案——钻个 1/4 英寸的洞是所谓的"顾客问题"，购买 1/4 英寸的钻头加钻孔机是"解决方案"。就像人们不会无缘无故地购买计算机，购买的主因是人脑有其限制，人们用电脑来处理文件、记忆或计算等。

顾客不会购买他们没有需求的东西，即使他们因为好奇心或在别人怂恿下而冲动地购买了某项用不到的产品，那也是在满足顾客一时的心理需求，解决顾客一时的"心理问题"。所以产品或服务只是解决顾客问题的载体，满足需求的方案才是导致顾客购买的真正原因。再炫、再精致的产品或服务若无法满足顾客真

正的使用或心理需求，即使一时间能迷惑顾客，引发他们购买或炫耀的欲望，但其终究是对他们没有用的方案，所以鲜有顾客愿意当回购的"冤大头"，就算当了，通常也是其他需求因素所促成。

如前一章所言，顾客需求才是创新的根本，创造顾客价值才是创新的目的，所以在研发解决方案前，应该先了解顾客需求，特别是顾客的"重要需求"。需求来自顾客未被解决的问题，或者顾客不满足现有的解决方案。满足需求及创造价值才是顾客购买真正的原因，而提供顾客解决问题的方案才是企业经营最主要的目标。就此观点而言，创新就是满足需求的新解决方案，而创新的实践来自市场价值与技术价值的交集。

无论是产品创新、服务创新、技术创新、流程创新或商业模式创新，创新首先要重点洞察顾客未被满足的需求，所以先要进行市场分析及需求分析，再根据顾客需求以及企业的技术能力（核心竞争力），打造出能满足顾客需求的解决方案。

创新不止一种？找到适合你的创新模式

如图 1 所示，我们将创新依顾客需求满足的程度，以及解决方案的新颖程度分为四大类型，其中顾客需求代表市场的商业价值，而解决方案代表技术的商业价值，创新程度愈高，所能创造的商业价值就愈高。

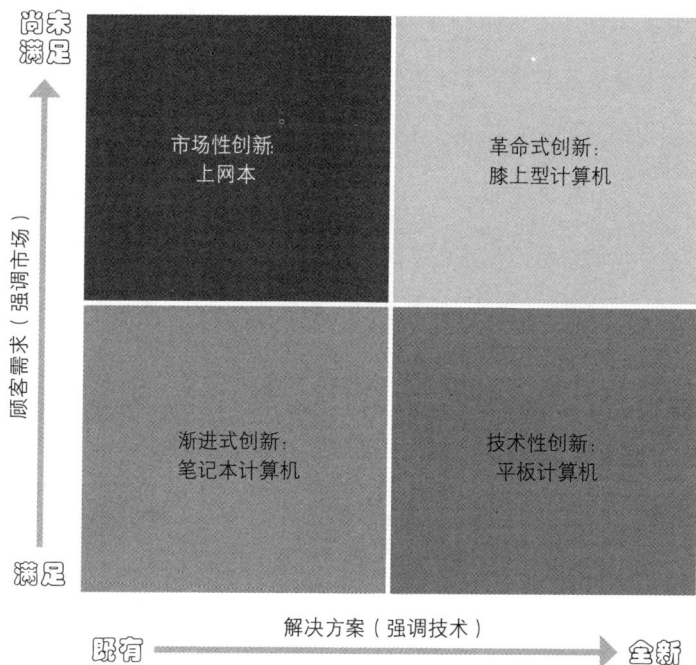

市场性创新： 上网本	革命式创新： 膝上型计算机
渐进式创新： 笔记本计算机	技术性创新： 平板计算机

尚未满足 ← 顾客需求（强调市场）→ 满足

既有 → 解决方案（强调技术）→ 全新

图 1 不同创新类型的矩阵（以膝上型计算机为例）

① 革命式创新（Revolutionary）

革命式创新是指以全新的解决方案满足市场上尚未被满足的顾客需求，例如世界第一台商业膝上型计算机（如第 6 章图 1 右上角区块），这类创新代表方案提供者不仅有"市场能力"——发掘尚未被满足的顾客需求，还有"技术能力"——开发竞争者所没有的解决方案，因此方案提供者往往是新市场的第一进入者，享有许多第一进入者的竞争优势，而成为市场的领导者。

但是革命式创新也必须考量市场的接受度及技术的成熟度，否则技术尚未成熟，过早进入市场，不仅无法成为市场的先锋，反而可能壮志未酬便成为市场烈士。历史有太多市场时机不对的革命式创新，往往革命不成便壮烈成仁，最后由革命的追随者来收割创新的果实。再者，通常成功的革命式创新因为市场需求强烈，市场规模庞大，在市场推出后，立即就会吸引众多的追随者进入市场，以渐进式或技术性创新与之竞争。

举例而言，现在的笔记本计算机（Notebook）、上网本（Netbook）及平板计算机（Tablet）都是由最早的膝上型计算机（Laptop）所创新演化而来的，但大多数的读者并不知道第一台商业膝上型计算机是于 1981 年推出的 Osborne 1。此计算机重 23.6 磅（10.7 千克），售价为 1795 美元。纵使 Osborne 1 在上市初期有不错的商业表现，但也吸引了众多强大的市场竞争者抢食市场，很快就抵不过市场的强烈竞争，Osborne 公司在 1983 年 9 月就宣告破产，随后便关门退出市场。

② 渐进式创新（Incremental）

渐进式创新是以改良而非新发明的方案去满足既有的顾客需求，如第 6 章图 1 左下角区块所示的笔记本计算机，此类创新方案提供者通常是改进既有方案的样式、功能、表现或价格，开发出对顾客而言比较划算的方案，以比较好的性价比在既有的市场竞争。

一般而言，其他创新类型的方案一旦在市场推出后，竞争者就会竞相推出渐进式创新，以较能满足顾客需求的方案争食市场大饼；曾有一项研究指出，没有申请专利保护的产品会被 6—10 个竞争者抄袭，平均有 1/3 的新产品会在 6 个月内被抄袭！即使是受到专利保护的创新，竞争者也可以逆向工程（Reverse Engineering）或专利回避的手段达到渐进式创新的目的。

举例来说，上述的 Osborne 1 虽然是世界上第一部商业膝上型计算机，也取得市场初期的胜利，但马上就有许多更强大的竞争对手如 Epson、HP、IBM 及 Apple 等公司相继推出重量更轻、速度更快、功能更强及价格更便宜的渐进式创新方案，Osborne 公司也因为这些追随者的竞争压力，在市场尚未站稳脚步前，便不支倒闭，退出市场。由于市场对外型轻薄短小、使用方便容易的携带性计算机有持续性需求的成长，而计算机硬件及软件技术也不断地演进，因此膝上型计算机经过许多渐进式的改良，演变为今日的笔记本计算机、笔触控平板计算机与上网本。

③ 市场性创新（Market-based）

市场性创新以既有或改良过的方案去满足尚未被满足的市场需求，重点在于开发出新的市场或重大突破既有市场的规模，而不是研发新的方案技术。例如第 6 章图 1 左上角区块的上网本，这类创新的重点多是商业模式的创新，亦即打造出市场竞争对手所没有的价值主张，例如搭配 iPod 的 iTunes。

iPod 硬件本身只是设计较为新颖的数码音乐随身听，但是 iTunes 却以软件方式打造全新的价值主张，攻占需求尚未被满足的数码音乐市场。又如创新管理大师克莱顿·克里斯坦森（Clayton M. Christensen）最为人知的"破坏式创新"（Disruptive Innovation），意指创新方案破坏市场原有的结构，本质上与市场性创新有异曲同工之妙。克里斯坦森曾举华硕最早推出的 Eee PC 为例，说明上网本是结合破坏式及市场性创新的代表，上网本以改良式的笔记本电脑技术，针对那些购买不起或不敢使用传统笔记本电脑的顾客，创造出新的上网本市场。值得注意的是，由于市场性创新着重针对不同的顾客需求开发新的价值主张或商业模式，本质上不是技术的创新突破，市场进入门槛较低，创新容易模仿或追赶，一旦成功后，市场很快就会出现模仿的竞争者，就像 Eee PC 推出后，宏碁就紧接推出 Aspire One 上网本。又例如 Apple 公司推出的 App Store 本身是手机及平板计算机的市场性创新，而 Google 推出的 Play 平台，就是看到 Apple 的成功后，模仿 App Store 推出的竞争对手。

④ 技术性创新（Technology-based）

技术性创新以全新的技术大幅改造既有方案功能及效果去满足既有需求。例如第 6 章图 1 右下角区块的触控笔平板计算机，

早在 Apple 推出 iPad 之前就存在，当初推出的企图是以触控笔技术的优越性提升传统笔记本电脑的市场价值。技术性创新的重点在于发明及运用全新的技术（材料、设计、方法或流程），打造出比竞争对手更优异的方案，并通过知识产权的申请及主张保护创新成果，巩固及扩大竞争市场的版图。

　　由于技术性创新主要是在既有市场竞争，全新技术打造出来的新方案必须更能满足既有的顾客需求，创造出较高的顾客价值，而目标顾客也愿意付出较高的价格。例如电动牙刷就因证明比传统牙刷更能有效清洁牙齿，价格就可以比传统牙刷高很多。相反地，若技术性创新不能为顾客创造更高的价值，或推出的市场时机不

对，不仅原先投入的创新资源无法回收，甚至会损及企业的经营。

最著名的技术性创新失败的案例之一为摩托罗拉公司投资研发的 Iridium 卫星电话系统。Iridium 并非第一家推出商业卫星电话的公司，却布建当时最先进也最具野心的卫星电话技术，但由于技术成本过高，定价远超过市场的接受度，公司不到一年便宣布破产，连带地重创母公司摩托罗拉的经营；再以平板计算机为例，许多人公认第一台商业平板计算机是 Compaq 公司（后为 HP 并购）于 1993 年推出的 Concerto，但早期的平板计算机都是以触控笔技术为主，技术虽新，但使用度不佳，技术商业价值一直不高，但微软公司为推广平板计算机，不仅于 2002 年推出平板版的视窗操作系统，比尔·盖茨更专程到台湾地区为平板计算机厂商站台。然而笔触控平板计算机仍然没有在笔记本电脑市场掀起波澜，一直到 Apple 于 2010 年推出手指触控的 iPad，大大地提升平板计算机的技术价值，再结合其 App Store 的商业模式（市场性创新），平板计算机才一飞冲天，造成市场的轰动，不仅吞噬大块既有的笔记本电脑市场，淘汰上网本的市场性创新，还创造出新的指触控平板计算机市场，形成平板计算机市场的革命式创新。

上述膝上型计算机的创新案例说明创新必须植根于顾客需求，创新方案必须能满足市场尚未被满足的需求，或比既有方案更能满足需求，才能为顾客创造价值，顾客也才会愿意掏钱购买。方案创新的程度愈高，其商业价值就愈高，否则打造方案的技术即使再新、再强，也会乏人问津。所以创新之道为"需求为本，方案为径，而价值为极"。创新是根据未被满足的顾客需求，研发具有竞争优势的技术，再将这些技术整合为满足需求的解决方案，并以创造最大顾客价值为创新的目的。接下来我们将以 iPod 及上网本为例，阐述如何开发创新程度高的解决方案。

解决方案的组成

价值主张代表顾客愿意以特定的价格购买可以解决顾客重要问题的方案。对厂商而言，顾客愿意付出的价格愈高，方案价值愈高；对顾客而言，方案愈能解决重要问题，顾客价值愈高。所以开发解决方案的第一步就是了解顾客的重要问题，而进行需求分析，再将需求分析的结果转化为方案要达到的基本"要求"（Requirements），而要求又分成顾客对方案在满足心理需求方面的"感觉要求"（Feeling），例如外观新颖的产品，或贴心的服务流程，以及满足方案使用需求的"功能要求"（Function），例如轻薄短小的设计，或快速便捷的服务。

根据顾客的重要需求，提出感觉及功能要求后，便要将这些要求定义为可衡量的"规格"（Specifications）。规格代表顾客在使用方案达成要求的基本标准，例如产品重量要多少才是轻，尺寸大小及哪种材质才能达到轻薄短小的要求，即使是顾客主观的感觉要求，也要转化成可量化的规格，例如"新颖"的规格可指定产品设计的元素及格调，或"贴心"的规格可将贴心的感觉转化成可观察的行为。有了规格，方案的开发人员才能研发出满足规格的技术，而这些技术实际呈现的特质，无论有否超越规格，都称为"特性"（Features），例如产品的实际重量，与规格相比，就知道产品是否符合轻或重的要求；或者服务人员是否能够在顾客进门时就以顾客名字迎接，就知道服务的第一道步骤是否够贴心。有时我们会将方案技术所呈现的所有特性，与方案规格比较的结果，统称为"性能"（Performance）。例如，一辆跑车的性能代表这辆跑车所有技术所呈现的特性，包含速度、外观、驾驶时的流畅度及安全性等。而一般人经常谈论的"性价比"就是在说明方案的价值，以方案的价格来说，方案所呈现的性能在于是否满足顾客的期望。

方案的技术是用来支持规格的，亦即技术呈现的特性愈能符合或超越规格，性能就愈好、愈能达成感觉及功能要求，相对也就愈能满足顾客需求。所以技术是方案的基础竞争力，而技术代表可以产生效用的新发明（Invention）或新发现（Discovery），包含新的材料、设计、方法及流程。方案开发人员根据方案规格开发新的技术，但也可以取得授权，"借用"或修改已发明的技术，整合既有技术，开发出新的方案。为了保护新发明，避免被别人"盗用"，增加方案的竞争力，发明人通常会申请知识产权（IP）的保护，IP 则根据内容及保护形式可以分为专利、商标、著作及商业机密等四大类，而专利则分为发明、实用新型及外观设计等三种类型，发明又分为"物"之发明及"方法"的发明。但是新发现例如蓝宝石可以用来作为手机的荧幕，由于是自然界原本就存在的现象或法则，是不受 IP 的保护的，可是研磨蓝宝石成为手机荧幕的技术则可以申请 IP。

下边的图 2 显示需求导向的技术发展过程，而表 1 则定义解决方案相关的各个名词。值得一提的是，若是下游厂商已提供制造及产品的规格，甚至技术，代工厂商称为 OEM（Original Equipment Manufacturer）；若是下游厂商只提供对制造及产品的要求，代工厂商则称为 ODM（Original Design Manufacturer）。这两种代工模式由于没有掌握市场需求及销售渠道，因此容易沦为只能追逐 Cost Down（降低成本）、令人摆布的苦命制造商。如果要脱离这种斤斤计较的制造宿命，成为 Value Up（提高价值）的制造商，厂商必须有办法掌握市场需求及销售渠道，另外根据市场需求，有能力研发出比竞争对手强的产品或制造技术，甚至冠上自有品牌，如此才能成为决定自己命运的 OBM（Original Brand Manufacturer）或制造服务提供者（Manufacturing Service Provider）。

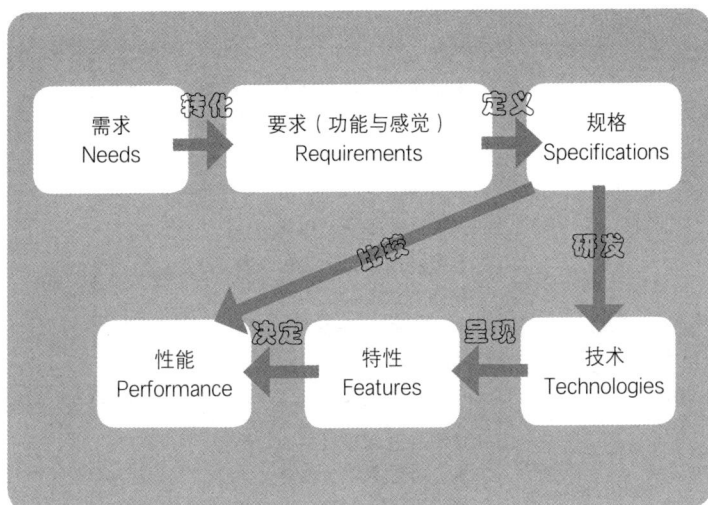

图 2　根据需求发展技术

表 1　解决方案相关名词的定义

名词	定义	以上网本为例
感觉 （Feeling）	顾客感知上对方案主观的喜爱或厌恶，通常是由心理需求转化而来。	时尚的外观
功能 （Function）	方案满足顾客需求的特性使用，"使用"代表方案发挥技术特性而对顾客产生效益。	容易携带

规格 （Specification）	满足要求的技术标准，方案要符合或超越规格才能满足需求。	重量不得超过 3磅
特性 （Feature）	技术所产生的单项或多项客观特质，可因设计、材料或方法而异，为客观、中性的描述，与好、坏、优、劣无关。	实际重量只有 2.5磅
性能 （Performance）	技术特性与规格的比较结果，特性愈符合规格，代表性能愈佳。	非常轻盈
技术 （Technology）	一项具有新的设计、新的制造方法、新的材料或新的使用方法的发明（Invention）。	小包装 设计

⏳ 一定要确认顾客的真正需求

开发方案的第一步是将"需求"转化为"技术规格"，可是需求分析若是不够确实，往往会形成"需求过度"的要求，过多的要求不仅拖延方案开发的进度，更会耗费额外的研发资源，减损

方案推出的竞争力。因此，开发团队在制定技术规格前，必须确
认目标顾客的重要需要及真正需求。以下为筛选需求的可行步骤：

1. 根据顾客需求，列出方案所需的感觉及功能要求。

2. 邀请顾客筛选出"绝对需要""不妨拥有""不需要"的项目。

3. 确认顾客"需要"与"不需要"的原因。

4. 诠释筛选结果，找出方案需要发展的特色及技术。

　　假设表2为某手机开发团队筛选手机要求的结果，读者根据
此表应可理解此手机的目标顾客主要为老人族群，研发团队要开
发的是老人手机。

表 2　老人手机要求筛选的结果

功能	绝对需要	不妨拥有	不需要
照相		√	
声音扩大	√		
数字键盘加大	√		
GPS 导航			√
FM 收音机		√	
外型设计新颖			√

另一种在开发方案时尽早确认顾客真正需求的方法为快速雏形法（Rapid Prototyping, RP）。这是近来用来开发方案愈来愈盛行的方法。如图 3 所示，RP 在第一次确认顾客需求后，便进入雏形建构、测试、反馈、精进的循环，每一回的快速雏形都以顾客需求为中心，将雏形置于方案使用的情境中，直到雏形精进为真正能满足顾客的方案为止。3D 打印机的普及，加速了 RP 在工业设计及产品开发方面的发展，之后我们将会另辟一章专门介绍 RP 的方法及应用。

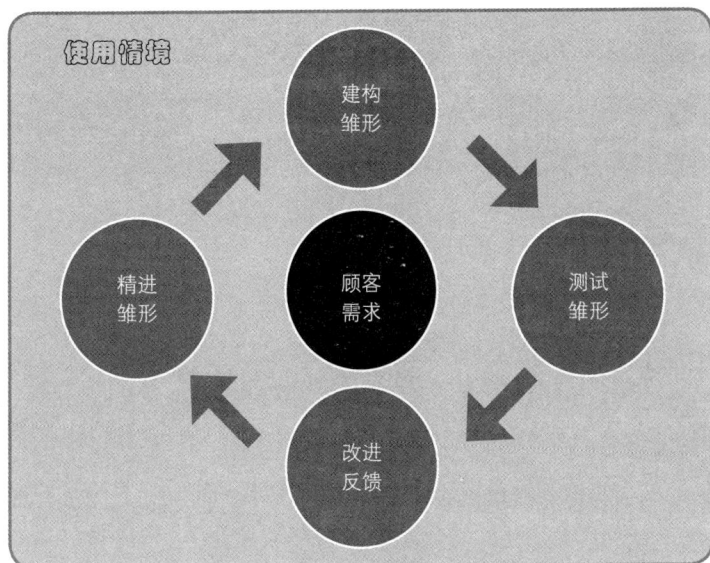

图 3　快速雏形的方法

⧗ 经典创新案例 1：数码音乐随身听的创新

① 第一阶段——类比式随身听

索尼最早在 1979 年推出全球第一台音乐随身听 Walkman TPS–L2，成为音乐随身听市场的革命式创新，但是当时的 Walkman 的音乐储存的方式主要为类比式的音乐卡带。虽然类比式的音乐随身听也经历了一段时间的渐进式创新及市场性创新，例如有声书卡带就是音乐随身听的市场性创新，但是随着数码时代的来临，类比式的音乐随身听依然摆脱不了被淘汰的命运。

② 第二阶段——数码 CD 随身听

索尼于 1984 年推出了全球第一台 CD 随身听，更于 1992 年推出首款 MD（Mini Disk）随身听，但是当时数码音乐文件大，而且一张 CD 或 MD 的储存量有限，加上唱片公司仍是以整张专辑的模式贩售数码元音乐给消费者，数码音乐市场还是无法有真正的突破。

③ 第三阶段——MP3 随身听

直到德国研究机构弗劳恩霍夫（Fraunhofer）发明 MP3 音频压缩算法，MP3 成为开放式的数码音乐格式标准，而韩国一公司于 1997 年研发出首台 MP3 播放机，并于隔年与帝盟多媒体（Diamond Multimedia）公司合作推出世界第一台商业 MP3 随身听，大量销售至日本、欧洲各国、美国等地。当 MP3 播放机市场占有率高居第一，加上网络技术的快速演进，网络传输及下载数码音乐掀起数码音乐随身听的革命，也吸引各大厂例如索尼、闪迪，甚至微软都积极投入 MP3 随身听技术及市场的开发。

④ 第四阶段——MP3 云端音乐数据库

尽管市场上普遍不看好，重新执掌 Apple 的乔布斯，急欲有重大的作为，以让摇摇欲坠的 Apple 起死回生。他仍决心投入数码音乐市场，除了于 2001 年 1 月，首先在旧金山的 MacWorld Expo（苹果厂商大会）推出 iTunes 外，另指派员工进行 2 个月的需求调查，希望在当年圣诞节时推出能搭配 iTunes，且令人耳目一新的音乐随身听产品。Apple 的产品开发团队并将目标顾客锁定为"追求潮流及音乐享受，但又不用担心音乐侵权的数码音乐随身听使用者"。当时的产品开发先锋斯坦恩（Stan Ng）等人针对目标顾客，从需求调查发现几项重要的顾客需求：

· 简易的操作界面

· 容易携带

· 可以挑选音乐

· 高储存容量

· 设计新颖流行

· 整合软硬件及平台

Apple 根据这些需求如期开发出第一代 iPod，于 2001 年 11 月推出 iPod Classic，其由如表 3 描述的方案组成，储存容量为 5GB，重量仅约 200 克，售价为 399 美元。当时，Apple 将其描述为"一台可将 1000 首高质量歌曲放入其中的 MP3 音乐播放软件，而且其体积只会占用您的一个口袋"。乔布斯认为："iPod 的诞生，意味着人们聆听音乐的方式将永远改变，因为 iPod 带来了一个无与伦比的音乐数据库，使用者可以随时随地聆听自己喜爱的音乐。"在 2001 年底，iPod 热销 12.5 万台，有了一个好的开始。

表 3　iPod 的方案组成

感觉	功能	主要特性	主要技术
· 设计新颖流行	· 简易的操作界面 · 容易携带 · 可以挑选音乐 · 高储存容量 · 整合软硬件及平台	· Scroll Wheel 可快速选择音乐选项 · 简单的五键式操作 · 储存容量为 5GB · 可储存 1000 首音乐 · iTunes 将 PC 音乐数据库与 iPod 同步 · 重量约 200 克 · 售价 399 美元 · iTunes Music Store 可供消费者选购喜爱的音乐 · 单曲 0.99 美元	· Scroll Wheel 机械式操控界面 · 自行研发的 iTunes 应用软件 · 以专有的 FairPlay 系统加密 AAC 音频文件（.m4p），而仅允许经过授权的计算机（最多 5 部）才能解密与播放 · AAC 音频文件也是 iPod 唯一支援的受数码版权管理（DRM）保护之音乐文件

但是 iPod 的这些需求基本上都还是以产品的概念为主，当时市
面上的 MP3 播放机也都根据同样的需求进行渐进式的创新，只有"整
合软硬件及平台"这项需求才是其他竞争者没有办法满足的，这也
是乔布斯唯一可以突破当时 MP3 随身听市场的关键。所以 Apple 将
数码音乐市场创新的重点放在 iTunes 上，建立了一个可以满足不用
担心音乐侵权被告且可以下载便宜单曲的平台，所以就 iPod 本身而
言，它只是数码音乐随身听的渐进式创新，但是结合了 iTunes 的商

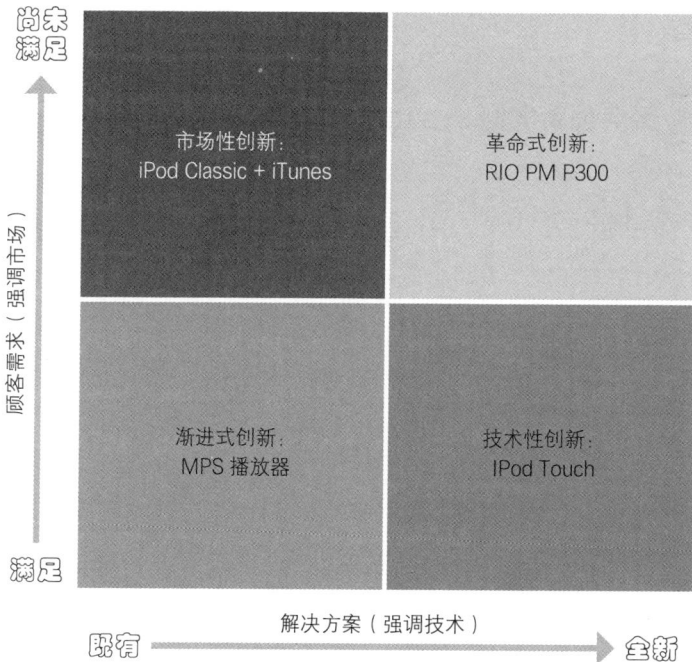

图 4　数码音乐随身听的创新矩阵

业模式后，便成为革命式创新，短短几年之内，Apple 结合 iPod 与 iTunes 因而成为数码音乐市场最大的销售商，iPod 更席卷了整个中高价数码音乐随身听市场。之后，Apple 也将其独特的手指触控技术用在后续几代的 iPod 上，并推出 iPod Touch，成为数码音乐随身听的技术性创新。然而，随着智能手机的发展，传统的随身听功能都整合在手机内，数码音乐的商业模式也都被 iTunes 及类似 iTunes 的平台所取代了，除了少数功能特殊的音乐随身听，例如户外运动时用的随身听，智能手机几乎已成为人手一机的随身听了。

⧗ 经典创新案例 2：上网本的市场性创新

上网本（Netbook）名词虽然是 Intel 提出的，却是台湾地区在个人计算机（PC）发展史最重要的章节，它是最早由台湾厂商从需求到规格提出的笔记本电脑创新，并开创了上网本市场的风潮。在华硕于 2007 年推出第一台上网本（Eee PC）之前，笔记本计算机已经是成熟饱和、竞争激烈的市场。一般而言，PC 厂商在推出新的笔记本电脑产品时，通常都是在既有的笔记本电脑产品的基础之上改变其规格或性能，例如，提升笔记本电脑功能的速度或更轻薄短小的外型，来吸引更多笔记本电脑使用者。当时的主流笔记本计算机市场，以 13 至 15 英寸的规格为主，重量为 5 至 7 磅

间，价格约为 600 美元，使用者若需要较小型而移动性（mobility）
较佳的笔记本电脑，则需要负担较高的价格。然而，使用者的需
求成长速度，却跟不上技术规格及性能的成长幅度，所以笔记本
电脑市场的成长受阻，因为使用者通常不需要功能过多及过于复
杂的笔记本电脑，更不希望为不需要的功能付出过高的价格。

当时华硕的经营团队便从这些问题点切入，希望能从不同的
顾客需求出发，设计出一台不但能满足不同于现有使用者的需求，
价格又能够负担得起的笔记本计算机。在 Eee PC 推出之前，500
美元以下的笔记本电脑市场并没有厂商愿意进入，原因在于担心
低价笔记本电脑会侵蚀到现有的产品线；另一方面，厂商也普遍
认为消费者不会愿意以较低价格购买性能落后的笔记本计算机。
虽然大多数厂商仍抱持不看好或保留的态度，华硕却独排众议地
决定开发 Eee PC，试图取得新市场的先机。

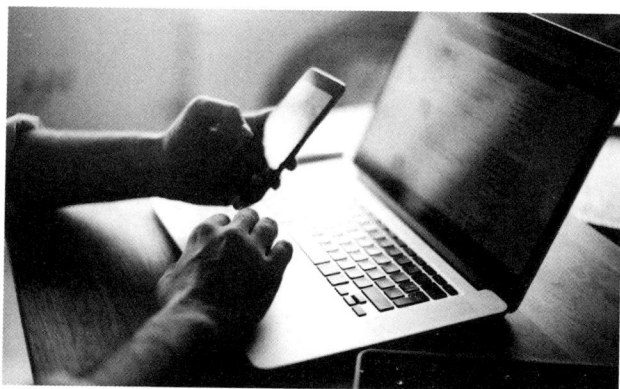

其实在华硕决定投入 Eee PC 开发之前，低价笔记本电脑的概念及产品已经出现，除了 2005 年时美国麻省理工学院为了降低全球各国间的数码落差，而提出百元计算机概念，并结合众多信息大厂，包括 Google、AMD、Red Hat 等厂商，共同成立"每童一电脑"（One Laptop Per Child, OLPC）协会推动此理念，台湾地区广达计算机也于该年 12 月获得代工订单投入生产行列。专为落后国家儿童设计的第一代 OLPC 命名为 XO，售价为 188 美元，于 2007 年 11 月在北美地区上市。

不过，Intel 为了防止其竞争对手 AMD 通过"LPC 计划"抢占新兴国家市场，在 2006 年 5 月先期推出"World Ahead 计划"之公益理念，并于 2007 年 1 月抢在 OLPC XO 推出前，推出了 Classmate PC，进行市场卡位。Classmate PC 系委托华硕代工生产的，相较于 OLPC XO 之规格，除了使用不同处理器外，其他规格或架构都极为相似。

由于有了代工制造 Classmate PC 的经验，华硕也观察到了市场的商机，相较于 OLPC 和 Classmate PC 的市场策略与产品定位，华硕将公益导向的低价笔记本电脑概念转换为以商业市场为主的平价"移动装置"概念，并以此来开发上网本，锁定已开发市场中的青少年、妇女或年长者，确认低价、轻巧省电、容易使用学习、随处上网等需求，一开始以"Easy to Learn, Easy to Play, Easy to Work"作为 Eee PC 的价值主张，后来将三个 E 改为"Easy，Excellent，Exciting"。

为了符合三个"Easy"的价值主张，华硕采取了不同于以往笔记本电脑设计的原则。传统的设计思维着重于增加或强化笔记本电脑功能来提升笔记本电脑的"卖相"及"卖价"，华硕则以"减法思考"原则去除或修减那些目标使用者不需要的功能，只要提供"恰恰好"的够小、够轻、够简单等基本功能。这样，一则上网本的价格可以大幅降低，再则功能简单化后变得容易学习及使用。而开发出来的上网本雏形也先经过华硕公司内部千人以上的测试，才于2007年10月推出第一代 Eee PC 701。表4显示 Eee PC 701 的方案组成。华硕在正式推出 Eee PC 之前两星期，还不知道要如何称呼这项创新产品，最后决定以价值主张的三个 E 并在一起，取名为 Eee PC，中文称"易 PC"。

表4　Eee PC 701 的方案组成

感觉	功能	主要特性	主要技术
· 外观时尚	· 轻薄省电 · 携带方便 · 开机快速 · 使用有效率 · 操作简易 · 学习容易	· 电池约可使用3.5小时 · 重量890克 · 硬盘具有耐摔、防震及低耗电、散热性能好等特性 · 28秒快速开机 · 自动侦测上网热点并且连接到网络 · 直觉式的图像选单 · 价格介于299—499美元之间	· Intel Celeron M 处理器 · 固态硬盘（SSD） · 4 cell 锂电池 · Linux 操作系统 · 内建 Wi-Fi · 选单式的直觉界面 · 小包装设计

华硕推出的 Eee PC 一炮而红，让所有的 PC 厂商眼睛为之一亮，在 2008 年初，惠普、微星、宏碁等厂商都宣布将进入小型笔记本电脑市场。英特尔更在 2 月时以 "Netbook"（上网本）赋予这类小型笔记本电脑一个新的名称，并针对上网本的需求顺势推出具备低效能与高续航力的 Atom 处理器（首款型号为 N270），而微软亦随之推出适用上网本的 "视窗简易版" 操作系统，造就上网本的市场性创新，也开启了上网本的市场风潮。也因为上网本属于技术门槛不高的市场性创新，再加上是传统的商业模式，很快地在 2010 年 Apple 推出 iPad 并搭配 App Store 的商业模式之后，上网本市场就因被颠覆而没落。

Chapter 7

集众人的力量，来为创新撒下一颗颗种子！
——创新沟通（一）：

试试 **"脑力激荡法"**

　　小王所带领的创新研发处原本是一个非常技术导向的单位，里面大部分的研发工程师都是台湾地区顶尖大学理工系所毕业的优秀人才。但是许多技术能力卓越的工程师都非常坚持己见，加上有些研发团队的主管不善于领导沟通，所以在创新研发处经常发生沟通不良的问题，间接影响到研发产出的商业价值，许多研发成果的创新程度不足，所创造的顾客价值不高，无法满足市场需求，或者竞争力不够。小王深刻体会创新沟通的重要性，于是也商请老王传授"创新沟通心法"，希望解决研发团队内外部的沟通问题，促使研发成果能为公司创造最大价值。

⌛ 为什么创新需要沟通？

创新是满足顾客需求的新解决方案，也是以顾客需求为核心，以创造价值为目标，不断探索及发掘顾客问题及解决方案的过程。由于创新的过程及相关因素往往错综复杂，单一的观点或个人力量绝不足以成就创新，需要组成多元背景及能力的团队，结合集体智慧，发挥集体力量，所以需要有效的内部及外部沟通。对内要整合创新团队的不同创意与想法，对外要倾听顾客的声音，掌握市场的变化，如此才能开发出有差异化及市场竞争力的产品或服务。

然而，在创新的过程中，特别在开发解决方案时，有可能产生如图1所示的结果，不同的个人或部门都有自己的想法与坚持，忽略顾客真正的需求，彼此又沟通不良，各执己见，各行其是，结果就变成"硬是强销苹果给想买橘子的顾客"，而这种"答非所问"或"卖非所买"的现象却是经常发生的创新沟通问题，症结就在于创新团队的沟通不良。

主管描述的	设计部门设计的	业务部门贩售的	客户所需要的

图 1　创新沟通不良的结果

⧗ 高价值创造需要跨领域整合

　　创新沟通不良造成的问题主要有二。第一是创新团队成员的独特想法或创意无法充分表达出来，造成团队中只有少数人甚至个人的意见主宰创新的过程或结果，尤其是台湾地区"敬老尊贤"的职场文化，经常出现"官大学问大"及"年纪大学问大"的潜规则，开会时只要有长官或长者在场，年轻人或资历浅的员工就会被认为资历不足，所以创意不足，必须保持"沉默是金"或"谦受益、满招损"的态度，不许、不敢或不愿提出自己的创意，对长官或长者的意见只能"马首是瞻"，独特的意见或观点又往往被认为只是"标新立异"或"不成气候"。

阿里巴巴的前董事长马云先生曾提出"老人"不应该不相信年轻人比他们更会创新，并建议"老人"应该尽全力去帮助年轻人创新，而不是只相信自己能创新。因此，为了使创新团队的每一位成员，无论资历的深浅与年纪的大小，都能无顾虑地表达真实的意见或想法，创新团队需要一个可以自由表达创意的平台或方法，以促进多元的创新沟通及交流。

创新沟通不良导致的第二个问题，是"创新沟通只靠文字的描述是不足够的"。由于文字本身是抽象的符号呈现，而且文字具有多重字意，必须视情境诠释字意，才能掌握真意。如果在创新的过程中，从点子的产生、讨论、修改，到方案的具体成形或运用，都只依赖大量文字进行阐释与说明，换来的结果往往是沟通的双方"有沟没有通"，使创新陷入符号诠释的泥沼中，停留在交换文字的来回解释及厘清之上，创新的进度变得迟滞。所以创新的过程中，为了使创新团队的内部沟通及与顾客的外部沟通变得顺畅，除了抽象的文字沟通，更需要具体的图像或模型，便于更明确有效对创新构想的内外部沟通。

举世闻名的设计顾问公司 IDEO 便认为创新若要成功，最重要的是创新团队的沟通。该公司将其创新的诀窍及流程归纳为独特的创新方法，有兴趣的读者可参阅《IDEO 物语》一书。本书则将其创新秘诀修改为下列的 5 个步骤：

① 深入其境探索与观察

② 运用多元团队脑力激荡

③ 建立快速雏形思维

④ 利用雏形说故事

⑤ 创新沟通永无终止

接下来我们将就其中的"脑力激荡法"（这一章）及"快速雏形法"（下一章）的创新沟通方法进一步说明。

⌛ "脑力激荡法"（Brainstorming）三招

所谓"三个臭皮匠，顶个诸葛亮"，只要能集合多人的"平庸"脑力，产生的智慧便可以超越最聪明的个人。诺贝尔化学奖得主莱纳斯·卡尔·鲍林（Linus Car Pauling）亦曾言："获得一个好点子的最好方法就是有很多的点子。"恰恰也说明集合众人的点子可以产生一个好点子，这就是"脑力激荡法"的精髓。

　　顾名思义，"脑力激荡法"是通过一群人，借由相互讨论及交流来激发团队思考力，产生点子及共识的方法，主要的形式就是小组动脑会议。此法是美国天联（Batten, Barton, Durstine&Osborn, BBDO）广告公司创始人亚历克斯·奥斯本（Alex Osborn）于1939年带领一个广告创意团队所开发出的一种"创意式解决问题"方法，所以奥斯本又被称为脑力激荡之父。

　　"脑力激荡法"发展至今，应用的领域非常广，已衍生出多种不同版本。例如：戈登法、笔谈式脑力激荡法、卡片式脑力激荡法、21方格纸法、轮流卡法等，而且随着计算机及网络的普及，也发展出电子脑力激荡（Electronic Brainstorming）及在线脑力激荡（Cyber Brainstorming）的应用。例如IBM就曾号召全球的员工，针对特定议题，在其企业网络进行72小时的在线脑力激荡，收集员工有价值的创意，称之为IBM Innovation JAM（创新脑力大激荡）。这些衍生或改良的方法进行的程序及使用的工具或有不同，但是大致都遵循如图2所示的脑力激荡三部曲：（1）准备会议；（2）发散点子；（3）收集点子。本书将就我们所熟练及常用的方法与步骤，来描述脑力激荡的过程与原则。

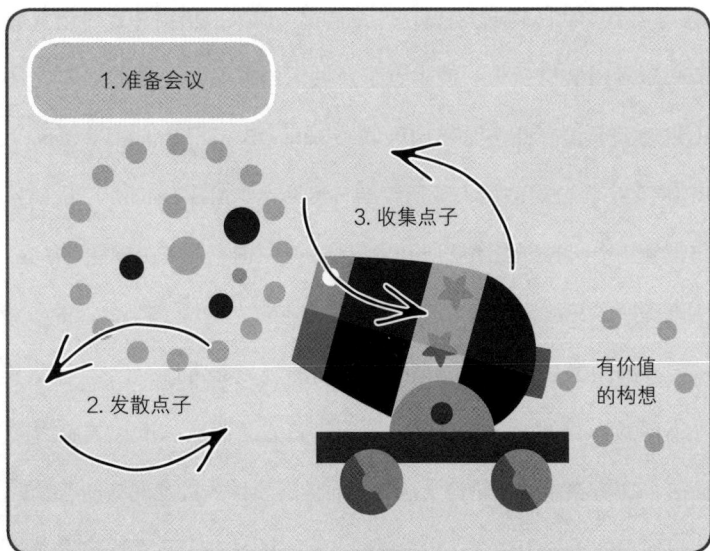

图 2　脑力激荡三部曲

① 准备会议

　　在进行脑力激荡前，要先做好小组动脑会议的准备，这些准备是为了保证动脑会议的顺畅与效率，主要的准备工作包含选定脑力激荡的主题、动脑会议的参与者、会议主持人，以及动脑会议使用的道具及工具。

　　·选定主题

　　脑力激荡的目的为集合众人的创意，解决特定问题，所以动脑会议的主题应该是适合多元思考的题目，尽量不要有标准答案，并且要能够激发参与者天马行空的想法，例如"新世代的玩具"，但是题目应要有特定范围，避免创意过于笼统或遥不可及。

举例而言，可以将"新世代玩具"设定为"协助3至6岁儿童智力成长的新世代玩具"，如此参与者提出来的创意更能聚焦于要解决的问题，创意也会更有价值。通常在动脑会议举行的前几天就会通知参与者脑力激荡的题目，并附加必要说明，以便参与者在会议前就可以开始收集、阅读及思考相关资料，届时可以产生更多创意。

·选定参与者

动脑会议的参与者就是创意的贡献者。由于脑力激荡强调多元的团队创造力，动脑会议应选邀不同领域或职位的参与者，这样团队才能从不同的角度或观点提出与众不同的点子，而且无须过多专家，避免专家观点限制创意的产生。有些动脑会议则会邀请顾客参与，提供顾客观点的创意。许多脑力激荡的研究指出，动脑会议的参与人数不宜过多，以小组规模5至10人为宜，参与

人数愈多，动脑会议愈没效率。哈佛商学院的一项研究甚至提出 5 人的动脑会议是最有效的。

·选出主持人（Facilitator）

脑力激荡的动脑会议虽然鼓励每一位参与者自由提出想法，而且禁止参与者批评任何提出来的点子，但是会议若是没有主持人，总会有人违反会议规则，妨碍会议的进行。为了使动脑会议进行得热烈且顺畅，在限定的时间内，产出最多的点子，动脑会议的主持人扮演的角色要比较像啦啦队队长，除了保持中立，确保会议的发言顺畅，控制会议时间外，更需要带动脑力激荡的"思想列车"，使会议保持热烈的气氛，巧妙引导点子不偏离主题，使会议源源不绝地产出新点子。所以动脑会议的主持人宜具有思想开放、活泼灵巧、主动观察、激励启发、喜欢互动等善于人际沟通的特质及技能。

·动脑道具及工具

为了使脑力激荡发挥最大的效果，动脑会议的场所不宜过于正式或严肃，令参与者可以在放松活络的气氛下，不受拘束地"畅所欲言"，勇于表达自己的想法与点子。所以在会议场所可以提供一些令参与者放松的玩具或点心，例如纾压球、口香糖或糖果。再者，为了使动脑会议进行得更有效率，可以使用一些会议运作及记录的工具，例如以下工具就非常有用：

1. 便利贴　　　　2. 圆点贴纸　　　　3. 彩色笔

4. 胶带　　　　　5. 移动式大型白板　　6. 可翻页的大白报纸

图3　动脑会议的道具及工具

② **点子发散（Divergence）**

"脑力激荡法"的动脑会议开始后，主持人会宣布会议的目的、会议程序、"游戏规则"，以及自己扮演的角色，接着便进入点子发散的阶段。所谓"点子发散"，意指动脑会议参与者随意发想，先不计较点子的内容及质量，尽量追求点子的数量。

在此阶段，通常主持人会先告知"期望在多少时间内产生多少点子"，端视脑力激荡的题目与目的。通常点子发散阶段的时间以 0.5 至 1 小时为宜，因为密集动脑的时间过长，容易产生脑力疲乏，动脑会议会变得没有效率。

产出的点子数目标则没有一定的标准，重点在于促使参与者在"时间的压力"下，提升脑力激荡的"生产力"。例如，以"半小时内产生至少 100 个点子"，或者"1 个小时内产生至少 200 个点子"作为目标，鼓励参与者尽量提供点子，但是若没达成目标并不代表动脑会议失败。

早期的动脑会议通常是通过自由提出及讨论的方式进行，并由会议记录者记录参与者提出的点子及讨论的内容，但是这种自由讨论的方式容易形成"小组思考"（Group Thinking）的问题，包含讨论相互干扰、附和别人意见、搭顺风船的点子（Free Riders）、不愿公开表达意见等问题，产出的点子同质性高，容易失去多元思考的创造力。于是便有改良的方式出现，例如"沉默式脑力激荡"（Silent Brainstorming），亦即所有参与者不出声也不讨论地先写下自己的点子，然后由主持人一次收集所有的点子，一起公布后再自由讨论。当然，这种方式最主要的缺点是无法先借由讨论，善用既有点子产生新点子。

当然也可以利用便利贴作为动脑会议的主要工具，只要任何人有点子，就以匿名但不同颜色的彩色笔写在便利贴上，且一张便利贴只提供一个点子，然后交给主持人，主持人通常会照念一遍，让所有参与者听到，以便其他人可以结合既有点子，产生新点子，若有不清楚的地方，也借此机会与提供者澄清，或请其重写，然后将便利贴放在白板上，并开始就相似或同类的点子进行初步的组合与排列。

在点子发散的阶段，主持人会提醒参与者要遵守下列原则：

1. 尝试利用别人的点子，提出新点子

2. 不判断或批评提出来的点子

3. 欢迎疯狂的点子，作为新点子的跳板点子

4. 尽量不要离题

5. 尝试组合既有点子，产生新点子

6. 追求点子数量，点子越多越好

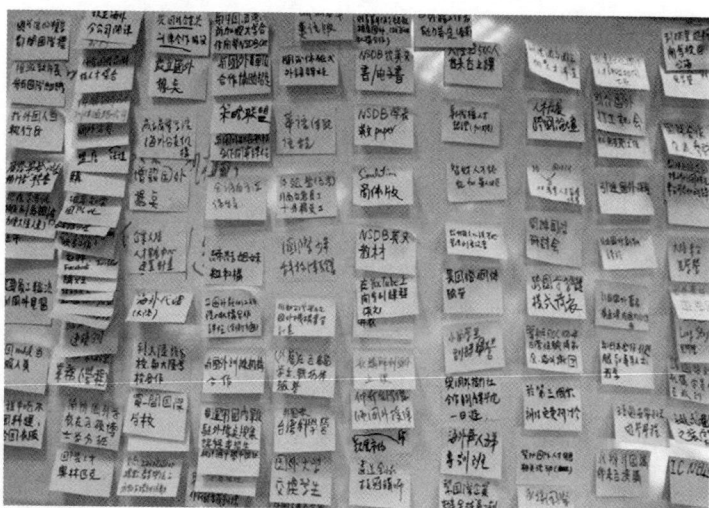

图4　运用便利贴进行点子发散

相对地，在点子发散的阶段，由于目标是在追求更多、更新的点子，所以要尽量避免下列可能扼杀点子或降低会议效率的作法或行为：

·避免主管率先发言

在台湾地区有许多"官大学问大"现象的职场上，一旦主管率先发言，参与会议的部属容易产生"趋炎附势"的想法或点子，或不愿意提出与主管相异的想法或点子，失去脑力激荡多元思考的目的。

·避免轮流提供点子

虽然点子发散阶段主要在追求点子的数量，但是每人思考的方式及节奏不一样，不必强求参与者要轮流提供点子，一定要贡献相同数量的点子，假设如此强求只会降低会议的效率，及创意质量。

·避免专家至上的想法

脑力激荡更需要的是新颖独特，能够启发更多新点子的点子，但专家往往专注于特定领域，思考范畴也以专长领域为主，反而常会因此难以突破思考框架，所以在动脑会议中，专家与其他参与者的想法或点子都一样重要，都"只是一票"。

·避免批评蠢点子

动脑会议最重要的一项原则，便是不得批判其他人的想法或点子，即使点子乍听起来很简单、很愚蠢、很没有逻辑或很无厘头，但是在点子发散的阶段，只要不离题，愈是别人想不到或不敢提的"蠢"点子，愈可能会衍生出有价值的点子。

·避免过度勤作笔记

点子发散阶段最主要的任务为尽量提出新点子，会议参与者的三项工作为"发想，再发想，尽量发想"，然后提出点子，而不是像其他的会议形式，要聆听及记录别人的发言及想法，况且通过便利贴的方式，所有的点子都已经记录下来了。

③ 点子收集（Convergence）

脑力激荡是集合众人的多元创意，然后在众人的创意中整理出对解决问题最有价值的方案的一种方法，所以在点子发散阶段激荡出众多的点子后，便进入讨论及评估点子的收集阶段。所以"点子收集"就是从众多点子中，整理及筛选出最有价值的创新构想。

切记！能够创造价值的创意才是创新，因此点子收集也是在评估所有点子的价值，"能解决顾客问题的点子才会有价值"。当然，这种评估也是要结合团队的智慧，不是单一个人如主持人或主管决定的。以下列出点子收集的阶段会经历哪些步骤：

· 检视及归类

通常主持人在点子发散的阶段，会将参与者提供的点子，张贴在白板上，作初步的归类，意即将相似或同一类的点子放在一起排列。在点子收集阶段开始后，主持人会先就白板上的点子请所有参与者检视一番，若有任何问题，都可以提出来讨论。讨论的目的在于澄清，绝不是批判。在检视的过程中，也同时请参与者协助归类，若有不属于既有类别的点子，就要成立新的类别。

· 评估及过滤

在检视白板上的点子的时候，除了点子归类外，也同时进行评估与过滤，若有不符合主题的点子，主持人会移到白板的边侧，归类为"其他"，但不会将便利贴拿下来移除点子，因为这些"异类"点子反而会触发新的构想；若发现某一类的一些点子重复，则会将这些便利贴重叠在一起；将所有在白板上的点子，依此方式进行整理，直到每一个点子都找到"归宿"。

·整理及排序

接着给予每一类点子一个标题，注明类别，并用一张特别颜色的便利贴写上标题，贴在每类点子的上方。若发现某一类点子可以再分子类，也依此方式整理，并给予子类一个子标题。我们建议每类点子至多再多一层子类即可，避免过度分析。整理好点子的分类后，便就各类点子的价值进行排序。通常在排序之前，主持人会再询问参与者是否要进一步说明点子的价值，再进行小组投票决定排序。笔者主持投票的方式，是发给每位参与者及主持人特定数目的圆点贴纸（选票），例如整理后若有 6 类点子，就发给每人 2 张贴纸，若有 9 类就给 3 张……，然后邀请所有参与者同时来到白板前，在不讨论的情况下将手上的圆点贴纸贴在其认为最有价值的点子类别的标题上，再依据得票数为各类点子的价值排序。

·决定后续行动

投票表决各类点子的价值后，主持人可以再邀请参与者就投票结果提出意见，或经讨论同意后，更改排序。此时会议记录者或主持人可以将白板的结果拍照存档，并决定如何运用脑力激荡的结果，作成建议，提供给主管制定创新决策。

　　"脑力激荡法"经过多年的演变及改进，不仅衍生了各种改良的方法，其效果也经过许多研究的验证。就 N–S–D–B 价值创造的过程而言，这是一种创新团队有效的沟通方法。在创新的每一阶段，都可运用"脑力激荡法"，结合团队智慧，发挥团队创意，探索顾客需求（Needs），发展解决方案（Solution），打造优越差异（Differentiation），创造最大效益（Benefits），将创新构想的价值最大化。

Chapter 8

速度战正式开始，创意的世界分秒必争！
——创新沟通（二）：

你该懂得 **"快速雏形法"**

小王参与过 H 公司许多大大小小的研发项目，是公司经验丰富的研发主管。他深知创新从构想点子到方案上市是一个冗长及复杂的过程，任何一个环节稍有不慎就很容易导致整个研发失败。小王也体会到创新是团队力量与集体智慧的展现，所以团队的内外沟通非常重要，为此，小王请老王传授"脑力激荡法"，学习如何让团队成员能够自由表达自己的创意，以及让所有成员的创意能够有效结合。但这时小王发现研发团队经常发生的另一个沟通问题，也就是团队成员在沟通上往往受限于沟通语言及文字的表达，特别是在创新过程的初期，点子及构想尚未具体化，成员很容易陷入抽象言语的泥沼，因此产生争执及无法确认的困扰。没办法，小王只好拜托老王帮忙寻求解决之道……

创新沟通为什么如此困难？

创新过程从构想种子开始到最后开花结果，成为具有商业价值的顾客方案，而能在市场立足竞争，必须经历不同的发展阶段，克服每一阶段不同的困难与挑战，在每一阶段也必须受到众多不同专家的照护。

成功的创新往往是团队力量与集体智慧的成果，因此创新过程成功的关键在于团队沟通，包含与市场及顾客的外部沟通。由于创新沟通是将顾客方案价值最大化的关键，主要的目的便在于串连创新方案的技术价值与商业价值，而成功的创新必须是技术发展与商业发展并行，从而产生综效的复杂过程，必须结合技术团队与商业团队的创意及能力，使每一位具有多元背景及能力的团队成员都能充分表达及沟通其创意，而且成员的创意愈是另类或异常，潜在价值就可能愈高。

我们在上一章介绍"脑力激荡"的方法，是理论及实务上都经过验证为有效的创新团队沟通方法，而全世界最知名的设计顾问公司 IDEO，将其特有的"脑力激荡"称为"深潜"，意即通过团队脑力激荡的方式，让创新团队不断融入解决问题的深水中，愈潜愈深，直到解决问题为止。另一方面，若能将创意及构想视觉化，以具体的图像或模型呈现，便可以弥补创新团队成员（包含顾客）文字沟通的不足，强化创新沟通的效果。对 IDEO 而言，创新的关键步骤为建立快速雏形思维，亦即在创新的过程中，任何抽象的构想都需要快速转化为图像或模型，称之为"雏形"（Prototype），并利用雏形说明构想如何在问题发生的情境中解决顾客问题。这种不断以精进雏形成为最终解决方案的方案开发过程被称为"快速雏形法"（Rapid Prototyping）。

⧖ 所以说，什么是雏形？

雏形代表能够实现概念的"视觉呈现"，通常以绘图、模型或影片的方式表达出事物的构造或含义。概念是解决方案（产品或服务）的骨架，雏形则是将方案的构想视觉化。以绘图方式表达意念是人类的本能。

举例而言，笔者于工研院任职时，曾为弱势家庭的儿童举办绿色能源科技创新夏令营，图1为其中一位小学五年级学童所构思的绿色能源科技车雏形，虽然这位学童没有任何科技背景，却能借由这个"雏形"显示他对未来科技车的学习成果及创意。而我们熟知的建筑雏形则是将建筑方案的构造具象化或立体化，成为能够被体验的形式。雏形可以是从粗糙的手绘建筑草图（Sketch）到自己制作很精致的建筑草模，而草模通常包括实现建筑构想的方法、构造与外观设计。

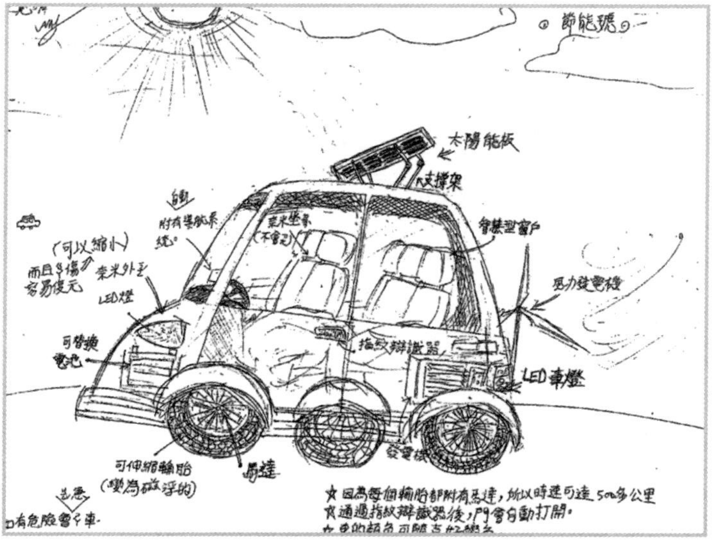

图1　小学五年级学童构思的绿色能源科技车雏形

就产品研发而言，雏形可用于验证产品技术的可行性，所以在产品开发的过程中，为了验证产品概念、功能、特性及量产的可行性，雏形根据目的（如图 2 所示）可区分为概念雏形、功能雏形、工程雏形，以及量产雏形。其中概念雏形在于呈现产品的概念是否可以实行，功能雏形的目的为验证产品的功能是否可以展现，工程雏形在于验证产品制造的工程技术是否可以满足产品的功能表现，达到产品特性的要求，而量产雏形则在验证"实验室"研发的产品可否以工厂的量产技术大量制造并符合质量要求。

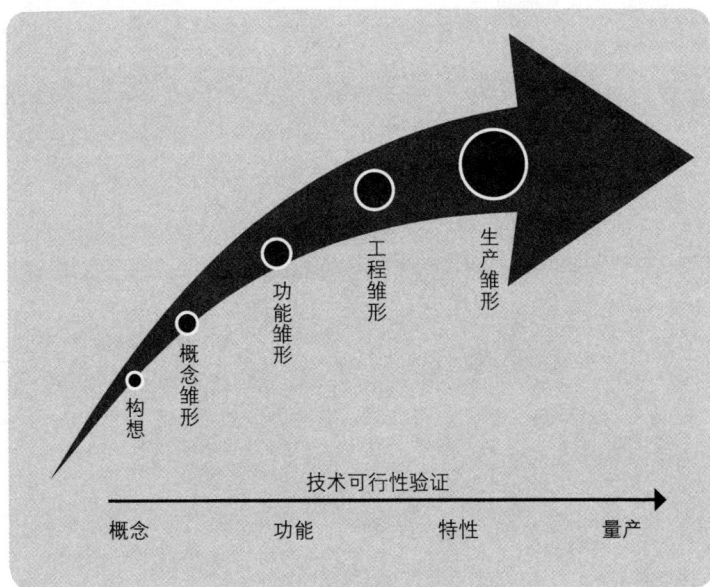

图 2　运用雏形发展方案技术及验证

　　举例而言，IDE0 公司接受客户委托，设计过许多著名的产品，包含 Palm V，而 Palm V 曾是全世界最畅销的个人数码助理（Personal

Digital Assistant, PDA），深深地影响后来智能型手机的设计。当时
IDEO 就是采取阶段雏形发展的产品设计方法，在不同设计阶段制
作出不同的 Palm V 雏形，作为内外部沟通之用的。

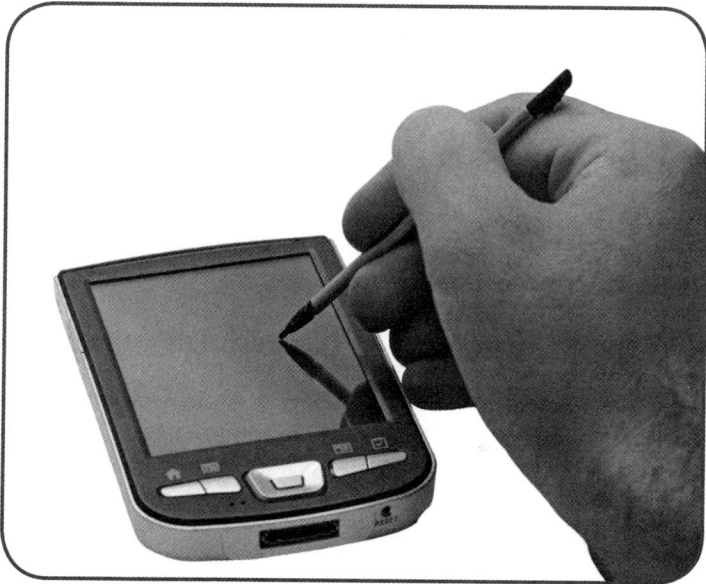

图 3　个人数码助理（PDA）为现在智能型手机的前身

将有形或实体的产品方案视觉化，制作出在产品开发不同阶段
的雏形比较容易，市面也有许多的工具与方法可以使用，例如计
算机辅助设计（CAD）或计算机辅助制造（CAM），但这些工具与
方法并不适用于流程、服务或结合产品与服务系统创新的雏形制
作。由于以流程或服务为主的解决方案往往是动态及无形的呈现，

静态的单一图像或模型可能难以表达解决方案的技术价值，例如鼎泰丰的精致餐食服务，因此除了传统绘制流程图的方式之外，近来因为录像技术普及，而且智能型手机都具有不错的录像功能，影片雏形成为流行的雏形制作，也就是制作影片来呈现及验证构想的可行性及技术价值。基本上，影片雏形的制作流程如下：

① 构思

将方案构想的重点列成大纲，然后描述每一个重点想要呈现的画面，再将大纲的重点依时间及流程步骤排列，重新整理大纲重点的描述，成为故事的背景与情节。

② 脚本

根据故事的背景与情节以文字的方式描叙成影片的脚本。所谓脚本即是剧本，是拍摄影片时，故事中的人物用来对台词、走场景以及指示场景布置用的。

③ 分镜图

分镜是指实际拍摄影片前，对镜头所做的设计，包含拍摄的角度及位置，而分镜图则是把影片中的连续动作分解成一个个的分镜影格（Frame），并注记影片章节、时间、地点、人物、对白、音乐等信息。通常，一个影片的分镜图只会呈现影片中重要情节的分镜影格，称为关键影格。

④ 角色演练

影片中的故事代表人、事、时、地、物的发生，会请合适的"演员"按照脚本及分镜图扮演好故事里的角色，并在实际拍摄影片前演练台词及走位，熟悉台词及表演，才不会在实际拍摄中出现失误。

⑤ 实际拍摄

当拍摄影片的准备就绪后，便进入实际拍摄，导演便会根据分镜图指挥演员及摄影师，完成影片拍摄。

⑥ 编辑剪接

由于现在的影片拍摄完全数字化，所以拍摄完的影片，很容易就上传到计算机上，运用影片编辑软件进行编辑及剪接。也因为影片数字化，编辑剪接变得更容易进行，甚至很容易加入影片特效，增加影片说故事的效果。

⌛ 什么又是"快速雏形法"？

以雏形来验证产品与制造技术的可行性起始于制造业的产品设计及制造。但是传统以人工制作雏形的方式耗时费力，随着计算机技术的进步，以 CAD/CAM 的方式来制作雏形运用在新产品开发及制造过程中，已大大地缩减产品从构想到量产的过程及成本。但是愈来愈多的产品或技术生命周期愈来愈短，传统分析式及程序化的产品开发流程及方法，即使借由 CAD/CAM 的辅助，仍然无法因应市场快速的变化及激烈的竞争，于是一种能更快速且价廉地以雏形引导新产品开发的流程及方法变得急迫且重要，而且这种方法也必须能运用在以服务为核心的系统发展之中，例如信息系统。"快速雏形法"基于下列的几项理由应运而生：

Step 1 ≫ 顾客需求快速地改变已无可避免。

Step 2 ≫ 因应顾客需求的快速改变，雏形的制作及修改应该要更快速。

Step 3 ≫ 经视觉化的构想比文字描述更容易沟通。

Step 4 ≫ 运用看得到、可操作的雏形是方案开发团队内部沟通以及与顾客沟通的良好方法。

Step 5 ≫ 借由雏形与顾客沟通，可以提高顾客参与新方案开发的意愿，进而提升顾客满意度。

如图 4 所示，"快速雏形法"是一种发展解决方案的方法，以顾客需求为核心，并设想顾客使用方案的情境作为建构及修改方案雏形的基础，从构想阶段开始就制作最原始的雏形，甚至在进行脑力激荡时也可以将任何点子视觉化，以便于创新团队内部及外部沟通，利用雏形去测试技术的可行性及顾客需求的满足程度，并收集测试雏形的反应，特别是顾客的反应，作为雏形改进的反馈，然后整理反馈以修改及精进雏形，必要时可以根据不同的雏形目的，重新建构不同的雏形，成为下一阶段创新沟通的工具，再重复循环上述快速雏形的流程，直到雏形成为真正能够满足顾客需求的解决方案为止。

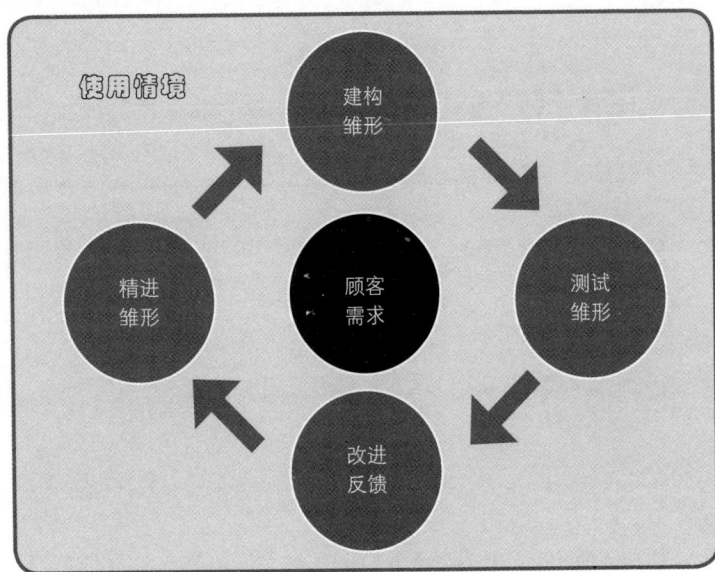

图 4　"快速雏形法"的流程

快速雏形法最主要的目的是能够缩减过程且降低成本，针对顾客需求来开发创新的解决方案，以提升解决方案的市场竞争力。从构想开始到方案上市，"快速雏形法"借由快速地将任何创意视觉化并制作成方案雏形，使得快速雏形具有多种用途：可以用来激发创新团队的创意、沟通顾客的真正需求、测试方案创意的价值，以及验证方案技术的可行性。也因为如此的目的与用途，"快速雏形法"具有表1的优缺点。

表 1 　"快速雏形法"主要的优缺点

优点	缺点
· 雏形使创新沟通变得容易及有效 · 可以充分发掘及了解顾客（使用者）需求 · 允许顾客随时更改需求，及早因应需求改变带来的风险 · 协助开发团队及顾客发现新的需求及创意 · 快速验证创意的可行性及价值，降低新方案开发的成本及风险	· 因雏形不断的修改，若缺少制作雏形的文件管理，日后不易维护 · 顾客及雏形制作者往往必须全程参与解决方案的发展过程 · 雏形设计及制作缺少有效及严谨的评估准则 · 因缺少发展前段的严谨分析与设计，所以可能导致解决方案的使用或执行效率比较差

⧖ 快速雏形制作原则，不说你不知道

为善加利用快速雏形的优点及避免其缺点，在运用"快速雏形法"开发创新的解决方案时，可以遵循下列原则制作快速雏形：

1. 一开始就要确认快速雏形制作的目标对象与目的。

2. 创新团队应该纳入设计与制作雏形的专家。

3. 先做简单的规划，再进行雏形设计。

4. 设计与制作雏形时，应该以目标对象的需求为主要考量。

5. 愈早期的雏形，要愈简单、愈快速地设计与制作。

6. 只做必要的设计与制作，呈现出构想的含义，亦即创意的价值。

7. 谨守雏形制作的目的，不要沉溺于制作的细节与过程。

8. 避免过早把焦点放在制作成本上，因而损及雏形制作的目的。

9. 尽量保留创意的原始精神，不要因其他考量牺牲创意。

10. 一旦有新的想法或雏形，立即进行创新沟通与修改精进雏形。

11. 设想使用雏形的情境或故事，来沟通及验证雏形对发展方案的可行性及效益。

⧗ 超级火爆的"3D 打印"

"快速雏形法"逐渐成为开发解决方案的主流方法之一，一方面是因为计算机辅助技术的快速发展，另一方面是因为市场变得瞬息万变，愈来愈多解决方案的生命周期缩短，加上近来 3D 打印技术的突破，对"快速雏形法"有着推动作用，而且随着低价 3D 打印机的普及，未来的"快速雏形法"可能也会有革命性的改变。

"快速"及"创意视觉化"为"快速雏形法"的两大精髓。所谓"快速"代表一旦有新的构想或点子，就要马上呈现出来，而所谓"创意视觉化"便是将创意转化为看得到、摸得到，甚至可操作的雏形。在各种三维（3D）模型建构的工具及方法出现之前，若要以某种呈现方式让顾客及所有方案开发的参与者能够沟通、理解和视觉化抽象的创意是项极具挑战性的任务。无论是手绘图或计算机绘图，在二维（2D）空间的图面上，始终无法呈现以产品为主的最终方案之视觉化（包含操作），即使是成熟的 3D 计算机绘图技术（CAD/CAM），也只能以模拟的方式视觉化解决方案，所以才有 3D 打印技术的出现。3D 打印机打印出来的不再只是 2D 纸张所呈现的图像文字，而是可以看得到、摸得到，甚至可以操作的 3D 实品。

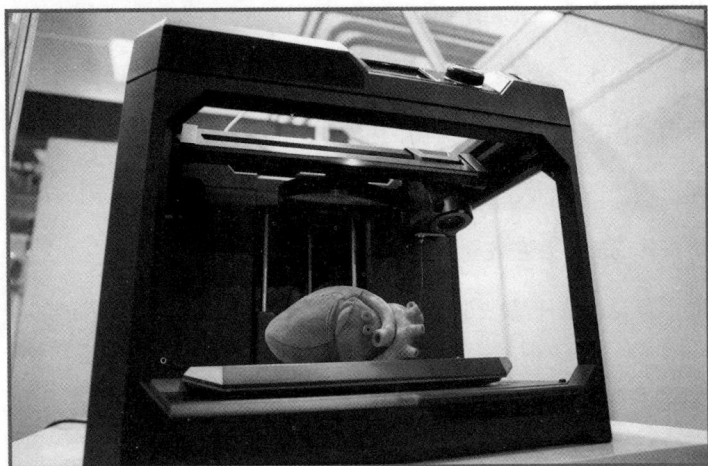

图 5　未来 3D 打印技术可应用的范围无远弗届

3D 打印技术起源于美国，最早被称为"快速雏形制作"，是 1980 年代中期，由得州大学奥斯汀分校的德卡德（Deckard）博士发明并获得专利的。它运用 CAD 软件设计出精密的 3D 几何图形，并将其储存为一种 3D 数码模型档案，然后通过传统"打印"档案的概念，通过多层打印的方式，将粉末状的可黏合材料，例如塑胶或是化学物质，根据模型档案的几何图形资料，逐层地去"堆栈累积"打印材料，制造出 3D 实体物件。早期因为 3D 打印技术还不够成熟，成本过高，经常只被用于产品开发阶段的雏形制作，作为确认产品的结构及外观设计之用。

"3D 打印"这个名词是于 1995 年由麻省理工学院的两位毕业生吉姆·布莱特（Jim Bredt）和提姆·安德森（Tim Anderson）

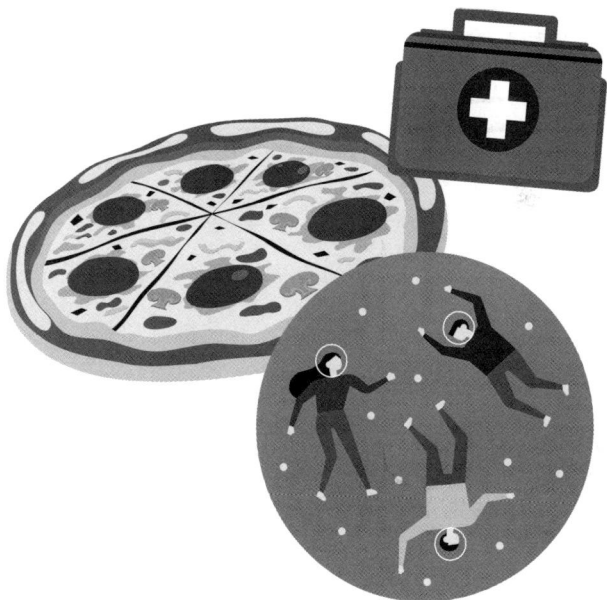

所创造的，他们将当时的喷墨打印机的原理及技术，运用在 3D 雏形制作上，传统的喷墨打印机是将墨水挤压喷射在纸张上，而 3D 打印机是将由可黏合材料制成的墨水般的溶剂，逐层挤压喷射成 3D 实体物件。由于喷墨技术较传统的多层打印技术更为快速、更有弹性以及更低成本，而且可打印的材料更多元，3D 打印应用的范围及领域愈来愈广，创造出愈来愈多的商机，3D 打印也从过去主要在制作聚合物材质的产品雏形，发展到直接制造金属或复合材质的产品与工具，例如珠宝首饰及医疗器材，甚至食物 3D 打印机也已被用来打印披萨。而且曾有新闻报道，欧洲太空总署计划在月球以 3D 打印的方式打造人类月球居屋，打印材料可以就地取材，让人类 40 年内可以住在月球的梦想成真。

因为 3D 打印技术大量且迅速地应用在产品设计及制造业，工业设计界将 3D 打印视为新一波"文艺复兴运动"的推手；知名的《经济学人》杂志则将 3D 打印的发展视为第三次工业革命，也就是"制造数字化"。3D 打印技术加上智能机器人技术，传统制造业的面貌和生产方式将会有巨大的改变。美国为重振制造业，有鉴于制造数字化的来临，将 3D 打印列为策略发展的技术，直接指定 3D 打印为发展先进制造业的重点技术之一。

毋庸置疑，3D 打印技术及制造数字化将对未来的产业发展产生重大的冲击，特别是台湾地区一向擅长的科技制造业。面对台湾地区产业在全球市场的竞争力逐渐丧失优势，有关部门及企业应该有更积极的创新思维与作为。对企业而言，应用3D打印技术、"快速雏形法"与"NSDB"方法论，于企业创新与沟通可以产生巨大的效益。

Chapter 9

独一无二、与众不同的创新，才有存在价值！
——建立具有竞争优势的

差异化（Differentiation）

　　小王任职的 H 公司虽然是全世界生产及提供平价优质之资通产品最具竞争力的公司，但因为面临全球市场愈来愈多后起之秀的低价竞争挑战，便将公司的市场定位转为"创新领导的方案提供商"，针对不同的目标市场及顾客开发及提供创新的顾客方案，并由小王带领的创新研发处进行公司研发思维与作为的创新转型。套用"NSDB"的逻辑思维，除了要建置需求导向的研发模式，公司亦期望研发策略从传统的"成本领导"思维转为更具竞争力的"差异化"思维。因此，小王就差异化为主的研发模式求教于老王。

⏳ 创新的竞争优势在于"差异化"

企业提供的解决方案若要赢得顾客的青睐方法有二：优势价格
或优越差异。传统上，以台湾地区制造为主的方案提供厂商擅长
价格取胜的竞争策略，可是没有差异化的解决方案，终究只能沦
于与竞争对手的价格战。然而杀价竞争终有极限，因为任何企业
经营不可能零成本，也不能杀价过头而形成亏本经营的局面。打
价格战是台湾地区许多 OEM 甚至 ODM 厂商经常面临的竞争困境，
也往往是空有品牌、没有差异的品牌厂商无法持续成长的主因。

而就"NSDB"的创新思维而言，满足顾客需求（N）的解决
方案（S），若无超越竞争对手的差异化（D），其所创造的顾客
效益（B）迟早会被竞争对手所取代，竞争优势即使有，也是无法
持久的，所以创新成功的关键在于满足需求方案的差异化。

⏳ 竞争策略："成本领导"vs"差异化"

策略大师迈克·波特指出，企业无论在广泛市场（Mass Market）
或有限市场（Niche Market）的竞争策略，基本上可区分为"成本
领导策略"与"差异化策略"。广泛市场的"成本领导策略"意

指企业为多种顾客群提供比竞争对手更低价的解决方案，竞争力来自降低经营成本；而有限市场的"差异化策略"代表企业为特定的顾客群提供独特的解决方案，竞争力来自优于对手的差异化。

波特认为，企业若要在目标市场取得相对的竞争优势，就必须做出策略选择，否则无法在市场长久立足。成本领导是台湾地区以制造为主的厂商经常使用的策略，若制造的产品没有差异化时，就只能以价格与竞争对手竞争，在"无法唯一，只能第一"的竞争压力下，只好持续 Cost Down（降低成本），以成本优势超越对手。但是制造业在生产管理及制程技术的 Cost Down 终究有其极限，最后还是要回归到顾客方案的创新，也就是能够将顾客价值最大化的差异化。

差异化就是"只要唯一，不需第一"的策略，基于满足顾客需求的前提下，提供异于竞争对手的解决方案，并以方案的独特性产生竞争优势，为顾客创造更大的价值。

⧗ 所以，什么是"差异化"？

"差异化"是指为目标顾客开发与竞争方案不同的"特性"以满足解决方案的感觉与功能要求。差异化可以是有形的，例如产品外观或操作程序，也可以是无形的但却感受得到的，例如令

顾客感动的细致服务。所以方案特性可以是真实的，看得到、摸得到或可测量的，也可以借由营销的语言或活动去彰显或暗示存在或不存在的实质特性。

要注意的是，解决方案的特性必须得因为满足顾客需求而存在，而不只是方案本身的功能特别或强大而已，否则顾客没有需要的方案特性只会增加方案的成本，却相对降低方案的价值，因此差异化方案的特性不仅要不同于更要凌驾于竞争方案的特性。举 2001 年的数码随身听市场为例，当时顾客对高储存量的随身听有强烈的需求，所以当 Apple 推出可储存 1000 首数码音乐的 5GB 储存容量的 iPod 时，其特性远优越于当时所有的竞争对手。

当然，解决方案的差异化往往不是单一的特性所形成的，而是由数个优越的关键特性所组成。创新的解决方案固然可以因为差异化而创造出异于既有市场的新市场区隔，然而，解决方案必须不断地创新，唯有持续保持超越对手的差异化才能维持市场区隔的竞争优势。例如 iPod 结合数个优越特性的差异化，创造出数码随身听市场的高端市场区隔，也因为其差异化形成此高端市场区隔的竞争优势。再以上网本市场为例，华硕的 Eee PC 创造出当时低价笔记本电脑的市场区隔，然而 Eee PC 的差异化显然不足，难以持续保持其市场的竞争优势，Eee PC 在上网本市场的占有率很快地被宏碁推出的上网本 Aspire One 所超越。

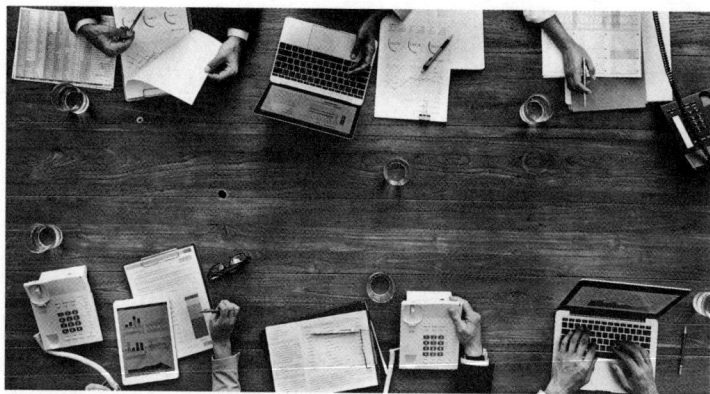

⧗ 不轻言放弃，任何方案都可以产生差异化

许多人对以差异化产生市场区隔的竞争优势存有一项迷思，亦即许多人认为成熟市场的商品，特别是一般商品，如T恤或街头小吃，很难以创新形成差异化。因为一般商品与竞争对手都具有相同的产品特性，所以同类的所有一般商品几乎都大同小异，无法产生差异化的竞争优势，只能以价格竞争，因此对市场价格的变动十分敏感。为了破解一般商品无法产生差异化的迷思，已故的营销管理大师特德·列维特（Ted Levitt）曾表示"任何的事物都可以差异化"。他指出一般商品也可以通过其他方式达到差异化的效果，只要站在顾客的立场。其实，差异化可以存在于消费链每一个环节，如图1所示。

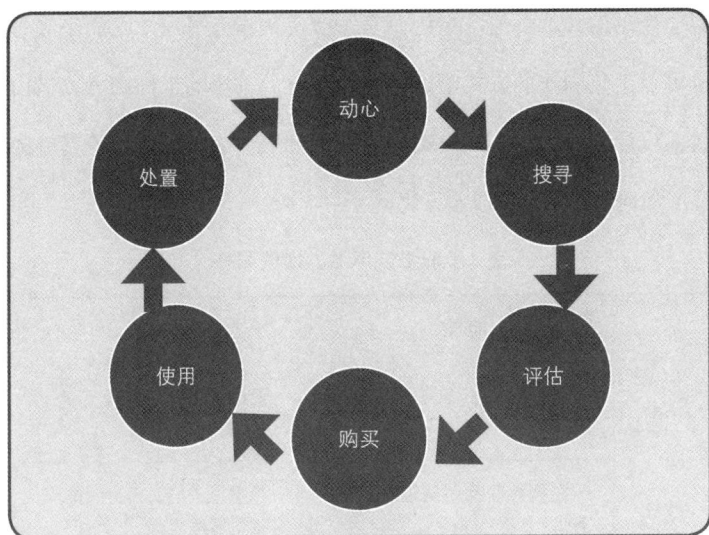

图1 消费链循环

消费链从顾客动心起念购买某一类商品开始。在购买商品之前，顾客搜寻各个式样及各个品牌（包括白牌）的商品，找到或看到特定喜欢的商品，评估后决定购买此商品，并通过特定渠道购买此商品，购买后开始使用此商品，使用此商品的过程中会产生商品破损而需要修补的情况，使用完商品后需要丢弃或处置，然后进入下一个消费链的循环。

列维特指出，在消费链循环的每一个环节，都可以运用营销或服务的方式对商品产生差异化。营销差异化主要是针对方案的关键特性，例如商品外观的特征或精致服务的流程，作为营销的重点，彰显商品的顾客价值。举例而言，即使是作为平民小吃的小笼包也可以工艺制作的方式塑造为精品小吃；一般的 T 恤则可以借由名人设计限量版的方式打造为高价的潮服。表 1 说明在消费链的环节如何通过服务形成差异化。

表 1　消费链环节的增值服务

环节	问题	例子
动心	·对商品动心之前可以加入服务吗？	·商品试用计划 ·提供预购折扣
搜寻	·在搜寻商品时可以加入服务吗？	·根据过去购买行为的推荐 ·提供客服查询
评估	·在评估商品时可以加入服务吗？	·试用期无条件退费 ·定制化选项
购买	·在商品销售的同时可以伴随服务吗？	·功能展示试用 ·礼遇对待
使用	·在商品销售后可以加入服务吗？ ·商品可以利用服务增加功能吗？ ·商品可以借由服务而更新吗？	·售后保固维修 ·软件通过网络自动升级 ·定期维修
处置	·在消耗品使用后可以加入服务吗？ ·在商品失效后可以加入服务吗？	·定期补充消耗品 ·商品换值回收

⧗ 不要搞混了！"差异化"和"高价化"是两码事

另一个常发生的差异化迷思是认为方案差异化愈高，其市场的竞争优势就愈强，其价格就可以定得愈高。这是大错特错的想法。

举例来说，许多技术导向的研发人员以为开发与竞争者高差异化的顾客方案，就必定能在市场成功，所以就尽量往顾客方案中"塞进"新的功能或技术，增加方案的生产成本，将方案的价格定得很高，殊不知差异化若要产生价值必须根植于满足顾客需求上，所以有高差异化的创新方案并不代表可以创造出高顾客价值，更不代表可以创造出新的高端市场区隔。历史告诉我们，好的方案并不代表好的市场，好的市场并不代表好的价格，好的价格并不代表好的销售，因此有差异化的方案若无法满足顾客需求，并不会绝对保证市场的成功。

"满足顾客需求的差异化"是创造顾客价值的必要条件，没有差异化的顾客方案往往代表不能申请知识产权的保护，没有知识产权保护的方案就不能保护其方案的差异化价值，唯有知识产权保护的方案才有可能防止竞争对手的仿冒。如果没有保护措施，市场就会涌现仿冒的竞争方案，最后又会沦为价格竞争，仍可能面临市场失败的窘境！台湾地区经常发生的"一窝蜂"现象，例如葡式蛋挞及网络平价服饰，就是这种"无差异化→仿冒涌现→价格竞争→成本压力→无心质量"负面连锁效应的最佳写照。曾经有一项研究就指出，没有申请专利保护的产品会被 6 至 10 个竞争者抄袭；平均有 1/3 的新产品会在 6 个月内被抄袭！

上网本虽然是华硕 Eee PC 创造出来的颠覆性市场创新，但由于当时的笔记本电脑产品的生产制造已是高度标准化及模块化，因此上网本技术本身可以创造出的产品差异化不高。Eee PC 上市后，市场马上涌现众多的上网本跟随者，形成上网本的差异化价值只得依赖营销及服务的差异化。在 Eee PC 于 2007 年推出一年后，因为宏碁在当时的营销能力及品牌价值均优于华硕，华硕的上网本市场占有率（33%）马上就被宏碁的 Aspire One 超越（37%）；到 2009 年，Aspire One（43%）的市场占有率更超越 Eee PC（24.5%）达 18%。这说明顾客方案的差异化愈小，方案本身的竞争力愈低，市场的竞争性愈高。

要如何产生差异化?

满足顾客需求的差异化可以增加解决方案的竞争优势，但是差异化并无法保证市场一定成功，而没有差异化只能以价格竞争，除非方案本身的技术或提供方案的技术超越竞争对手。企业经营若只靠价格竞争会变得很辛苦，这是台湾地区许多以制造为主的中小企业经常面临的经营困境。中小企业为了生存，必须想办法升级转型，策略之一就是提升方案或技术的差异化，在倡导差异化的创新思维下，表2以土凤梨酥为例，列出产生差异化的步骤。

表2　如何产生差异化

步骤	说明	土凤梨酥的例子
1	发掘顾客的需求	台湾地区的凤梨酥普遍过甜且原料添加过多化学物，需要更可口健康的凤梨酥
2	将需求转化成感觉与功能要求	天然、真实、纯朴及美味等要求
3	从满足感觉与功能的要求找到关键特性	使用土凤梨做原料，包装技术可以延长凤梨酥的保存时间

续表

4	将关键特性转换成方案差异化的基础	以合同定制方式保障原料来源，研发生产及包装的新技术，营销强调真实美味
5	借由增值服务增加方案差异化	来店免费试吃加品茗的体验式服务
6	借由营销差异化以增加更多价值	纯朴风的品牌名称及标识、体验式营销、观光工厂
7	运用知识产权保护差异化	申请生产及包装凤梨酥新技术的知识产权

⧗ 你该学会的"差异化分析"

维持竞争优势的方法之一就是持续保持优于竞争对手的差异化，也就是要有不断超越对手的创新，而如何确认解决方案的差异化优于竞争对手，方案开发者可以借由下列"差异化分析"的步骤对解决方案进行评估，并以表3华硕与宏碁于2008年推出上网本的规格为例，分析当时两大领导品牌上网本的差异化，其结果呈现于表4与表5。

① 根据可能解决方案，排出功能及感觉的优先级及权重。例如表 4 的第一与第二栏位。

② 针对每一个功能及感觉给予满意度评分，比较不同解决方案。例如表 4 的分析比较。

③ 根据功能及感觉，排出特性及成本的优先级及权重。例如表 5 的第一与第二栏位。

④ 针对每一个特性及成本给予满意度评分，比较类似解决方案下各种同等级技术。例如表 5 的分析比较。

表 3　2008 年 ASUS Eee PC 901 与 Acer Aspire One（8.9 英寸）规格比较

规格	ASUS Eee PC 901	Acer Aspire One
CPU	Intel Atom N270 1.6GHz	Intel Atom N270 1.6GHz
存储器	DDRII 1G	DDRII 512MB
荧幕	8.9 英寸	8.9 英寸
存取硬盘	12GB SSD	8GB SSD
光盘机	外接式	外接式

续表

无线网络	802.11b/g/n	802.11b/g
操作系统	Windows XP Home	Windows XP Home
尺寸	226 x 175 x 39 mm	249 x 170 x 29 mm
重量	1.14 kg	1 kg
电池	6-cell	3-cell / 6-cell
售价	599 美元	380 美元

表 4　ASUS Eee PC 901 与 Acer Aspire One 功能／感觉的
差异化分析

感觉／功能	权重 （共100%）	ASUS Eee PC 901	Acer Aspire One
外观时尚	30%	4	5
品牌形象	20%	4	5
操作简易	15%	5	4
学习容易	15%	4	4

续表

续航力佳	10%	4	3
携带方便	10%	4	5
总分（含权重）		3.75	4

表5　ASUS Eee PC 901 与 Acer Aspire One 特性的差异化分析

主要特性	权重 （共100%）	ASUS Eee PC 901	Acer Aspire One
重量	25%	4	5
电池容量	25%	5	4
操作容易度	20%	5	4
耐摔度	15%	4	4
运算效能	15%	4	3
价格		4	3
差异化价值（特性／价格）		1.1	1.2

　　由以上的上网本差异化分析可以了解，华硕虽然是上网本市场的创始者，但是由于笔记本电脑产品的组件规格都标准化了，华硕的 Eee PC 与其他的竞争产品几乎没有差异化，所以只能以产品设计及营销策略作为差异化的重点，低差异化的结果就是价格竞争，因此价格就成为销售成功的关键因素。

　　上述差异化分析的目的在于提供决策讨论的参考，但是切勿以差异化分析的结果当作决策的唯一依据。在进行差异化分析时，尽量以小组讨论的方式设定解决方案在技术、特性、功能及感觉的评分。如果可能，尽量让方案的目标顾客也参与讨论。满意度评分量度可以从 1 至 5，当然也可以其他评价基准或指标取代，例如"1 至 10""+1、0、–1"或"高、中、低"，重点在于找出自己认可且可以彰显差异比较的方式。除了表格方式的差异化分析外，也可以图形方式进行，如图 2 的横轴以方案特性作为竞争元素，纵轴为特性满意度分数，显现的曲线代表某方案与竞争对手及业界标准的差异化比较。

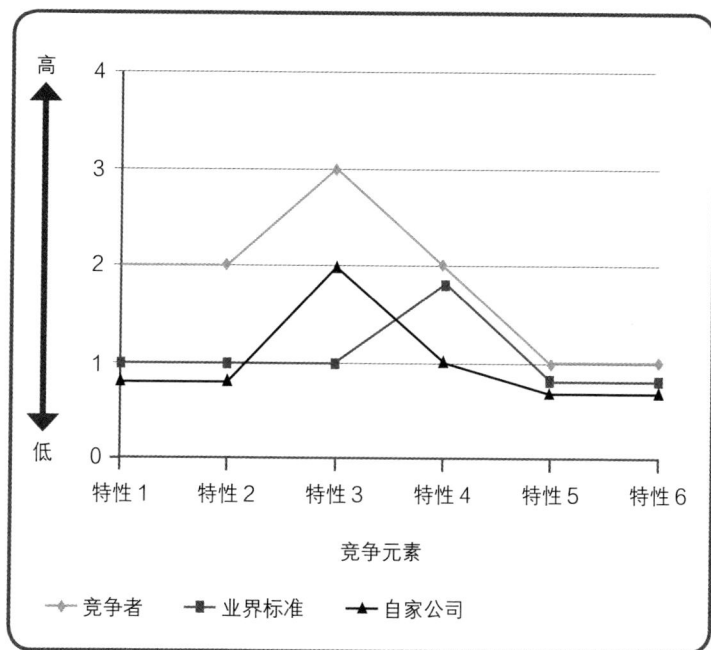

图2　以图形显现差异化分析

⧗ 差异化的竞争基础

许多企业往往在面临成本领导的挑战时，才想要采取"差异化策略"，于是在顾客方案加上许多顾客有无需要皆可的特性，便以为其方案有了差异化，并将差异化的成本转嫁给顾客，提高方案售价，且把方案放在网络商店，再挂个品牌，就以为可以成

181

为品牌厂商，顾客就会慕名而来购买，结果当然可想而知。但类似这样的差异化想法与做法确实存在于不少想借由研发创新达成转型目的的中小型制造厂商。

企业切忌在不能降低顾客成本或提升顾客效益的基础上就进行差异化。不过，也不要过度差异化，导致方案功能与特性超过顾客真正的需求，增加企业需要负担的成本，反而为差异化方案制定顾客不愿接受的价格。相反地，企业必须将方案特性与顾客需求结合，提升顾客使用方案的满意度，并以营销及服务等手段增加方案差异化的显著程度，使顾客容易辨别并对差异化产生偏好。

再者，企业也必须针对提供差异化方案的能力进行差异化，避免竞争对手可以合法"仿冒"的方式，发展出类似的差异化方案。这其中有效的方法之一是以知识产权保护差异化方案，一方面增加差异化产生的顾客价值，另一方面增加竞争对手的"仿冒"成本，达成以差异化为基础的竞争优势。

⧗ "成本领导"与"差异化"可以共存

当迈克·波特于1985年提出企业竞争必须于"差异化"与"成本领导"两大策略作出选择时，许多人误以为这两者是"鱼与熊掌，不可兼得"，觉得如果选择"差异化策略"就必定会增加营运成本，或者选择"成本领导策略"就会失去方案差异化的机会。

但其实"成本领导"与"差异化"两大策略并不相悖，是可以共存的，通过商业模式的创新，就可以让差异化及成本领导产生综合效应。例如台积电便是以"制造服务化"的模式，一方面以技术创新领先竞争者的晶圆代工技术，并借由技术创新降低制造成本，另一方面以定制化服务方式提升制造差异化，如此结合才为台积电顾客创造出最大的价值。

再举西南航空公司的经典个案为例。西南航空于1971年创立于得州达拉斯，一开始便将公司定位为区域型的短程廉价航空公司，结合"成本领导"及"服务差异化"的经营策略，不仅成功地避开与传统大型航空公司的正面交锋，更创造出高成本的大公司无法争取但是商机庞大的低价航空市场。

西南航空一方面以异于传统航空公司的经营模式降低经营成本，例如公司只采用波音737单一机型的飞机，且不经由中介公司如旅行社贩售机票，顾客只能以电话或网络订购机票；公司只开设时间短、高频率航班之短途的点对点航线，飞航期间不供应餐点；另外尽量使用城市的次级机场，而不像大公司总是以主要机场为主。

另一方面，西南航空以创新的服务模式，创造出竞争对手难以模仿的服务差异化，例如机票没有事先选位，不用对号入座，因此乘客登机周转时间可以减少到 15 分钟内；而且公司特别专注于顾客满意度，建立高度热忱及亲切幽默的员工文化，最有名的服务就是空服员可以随时讲笑话，以化解乘客搭机时的紧张。

这样航班密集、快速周转、顾客至上的低价航空服务，对每天都要穿梭于美国各大城市的庞大商务旅客族群极具吸引力，因此西南航空得以在美国航空业日渐衰退的大环境下，仍不断地扩张与发展，不仅击败传统大型航空公司，也成就了航空业即使在世界金融风暴期间仍然获利的奇迹。虽然后来有许多企图仿效西南航空成功策略的后起之秀，但是西南航空经年累积的企业经营能力与文化，终究是其他低价航空公司无法模仿的。

综合以上论述，表 6 列出了"差异化策略"与"成本领导策略"的比较重点，但是切记，真正创新的企业是可以结合这两大策略，针对满足需求的顾客方案，产生创新的商业模式，将顾客价值最大化，创造企业永续经营的能力。

独一无二、与众不同的创新，才有存在价值！——建立具有竞争优势的
差异化（Differentiation）

表6 "差异化策略"与"成本领导策略"的比较重点

	差异化	成本领导
顾客价值	增加效益	降低成本
策略思维	只要唯一，不需第一	不能唯一，只能第一
适用方案	新的技术、产品与服务	成熟的技术、产品与服务
适用时机	因为方案的本质而可以大幅提升产品或服务效益	因为方案的本质而局限，可以提升产品或服务效益的空间
	典型顾客愿意付出更高的价钱给可以提升效益的产品特性	顾客不会因产品的质量、效能或形象提升，而付出额外的价钱
营销诉求	满足需求的新特性	经济实惠

你的创意价值百万：
金牌策划人创意变现的诀窍

定价	顾客为满足需求愿意付出的价格	厂商的成本加上可接受的利润
例子	防水夹克如 GORE-TEX、Nike 球鞋	网络平价衣服、白牌球鞋

Chapter 10

绕了一大圈回来，最重要的还是"效益"！
——高价值创造的

效益（Benefits）

价值创造可以从价值的效益端及成本端着手，而H公司原本擅长的是"成本领导"的竞争策略。对小王这位研发主管而言，降低顾客及经营成本一直是公司最主要的研发任务，且无论是产品研发或制程改善，成本都是可以精算的。但是现在公司要转型为高价值创造的创新研发，着重于提升顾客价值的效益。套用"NSDB"的研发思维，小王理解创新研发必须是根据顾客需求，开发与竞争对手有差异化的解决方案，但是仍苦恼如何借由方案的差异化为顾客创造最大效益，并如何确认及评估方案所能产生的效益。更令小王苦恼的是，公司对小王的绩效目标要求主要为创新研发的"投资报酬率"，也就是创新研发处对公司的价值创造，于是小王就高价值创造的效益又求助于老王。

⧗ 效益是确认价值的所在

创新的目的是要将顾客价值最大化。顾客价值等于解决方案所产生的顾客效益除以顾客付出的成本（亦即方案的价格），因此创造顾客价值可以从顾客的效益端及成本端着手，而创新也就成为将顾客效益最大化及顾客成本最小化的过程。

我们在上一章说明，提供给顾客的解决方案若是没有差异化，终究只能以方案价格与竞争对手竞争，但是以降低成本作为竞争力基础终有极限。企业经营必有成本，企业收入毕竟不能长久低于企业成本，因为企业无法持续亏损经营。所以企业若要永续经营就必须创新，并借由提供给顾客解决方案之差异化，为顾客产生竞争方案无法复制的效益。

但效益除了具体的商业收益外，例如收入或利润，顾客使用方案所产生的效益却是主观的，经常见仁见智，莫衷一是（例如有没有用、喜不喜欢的感觉）。一个顾客觉得很有用、很喜欢的商品，另一个顾客可能觉得没有用、不喜欢，就像一个人眼中的垃圾可能是另一个人眼中的黄金。因此顾客效益往往因人而异，必须建立在满足顾客需求的前提下。而且，效益更需要具象化，也就是可以衡量，才能确认顾客方案的真实价值。

⌛ 什么是"效益"？

顾名思义，"效益"就是效用及益处，简单地说就是对顾客有什么好处。一个方案若能满足顾客的需求，才会对顾客产生效益；换言之，效益其实就是顾客满意厂商所提供的解决方案，也就是方案能够发挥效用，为顾客带来好处。所以，效益源自于方案能够兑现对顾客的承诺，满足顾客的期望，而需求代表顾客期望跟结果的比较。一方面是解决顾客问题的期望，此为功能要求；另一方面是满足心理感受的期望，可称之为感觉要求；功能要求可以借由方案的技术特性达成，而感觉要求通常还可以通过营销及服务达成。

假设要开发一项专为有科技恐惧症的老人所使用之智能型手

机，在老人顾客使用开发出来的手机后，可用使用的结果代表老人手机的性能。接着将手机性能与老人使用手机的期望作比较，若手机愈能克服老人的科技恐惧症，则代表老人愈满意手机的使用；克服恐惧的性能（亦即手机使用的实际表现）若超越老人的期望愈多，则代表老人的满意度愈高，满意度愈高则代表老人使用手机的效益愈好，效益愈好则代表手机愈能达成老人不惧使用智能手机沟通的功能要求。同样地，老人对手机的感觉效益则来自于老人购买与使用手机的心理感受。例如老人若觉得手机很简单可爱，就会减少对手机的恐惧感；当老人对手机的愉悦感受愈好，代表满意度愈高，满意度愈高，代表手机愈能满足老人不畏科技的感觉效益。

顾客效益主要来自两部分，如表1说明。第一是问题的解决，又称为使用效益，代表顾客满意方案的使用需求；第二是愉悦的感受，又称为感觉效益，代表顾客满意方案的感觉需求。感觉效益又包含服务效益及形象（品牌）效益。虽然商品的使用也会产生感觉效益，特别是商品的设计（例如外观或颜色）会影响顾客的使用感觉，但是因为顾客感觉是主观的购买因素，即使是商品使用的感觉效益，也还是可以服务及营销（形象品牌）的方式去强调或强化的。

表1　Eee PC 的顾客效益分类及例子

效益种类	华硕 Eee PC 例子
使用效益	解决老人不敢使用一般笔记本电脑的问题
性能	直觉式的图像选单让操作变得简单，学习变得容易
持续性	Eee PC 可以长时间使用而不死机
可靠性	Eee PC 非常坚固，使用很多次而不会发生故障
服务效益	华硕的服务质量非常好
便利性	各地都有实体营业及服务据点
时效性	网络不打烊的营业及服务据点
技术支持	技术支持电话热线
问题的处理回应	服务及技术人员服务质量佳
售后服务	全球 1 年保修
形象（品牌）效益	Easy to Learn，Easy to Play，Easy to Work

个性	简单（Easy）
标识	$\mathcal{E}ee\,PC$
品牌	Eee PC

使用效益是因为使用解决方案后，能够解决顾客的问题，也就是方案的实际特性超越方案的开发规格，例如上网本的"电池续航力要佳"为功能要求之一。因此，若上网本的电池使用时间规格定为4小时，而上网本使用长效电池实际可以使用5小时以上，则代表电池的性能佳，达到电池的功能要求，产生使用效益。

使用效益主要靠方案的性能及质量来实现。性能意指方案特性发挥效用的实际表现，而质量代表方案在使用上的持续性及可靠性。服务效益是因为顾客在购买及使用方案时，受到方案提供者的服务而产生愉悦的感觉。服务效益主要靠服务质量来实现，例如服务便利性、时效性、顾客问题的处理回应、技术支持与售后服务。形象效益是来自顾客在购买及使用方案时，对方案提供者所提供方案的欣赏及认同的感觉，所以方案提供者通常会通过营销、服务及品牌等方式来提升方案及提供者的形象，塑造方案独特与卓越的个性、标识及品牌，让顾客产生欣赏及认同的感觉。

⧗ 从"特性"到"效益"再到"价值"

许多厂商经常错误地将效益等同于解决方案的特性，例如上
网本的实际重量或尺寸是特性，但是真正的效益是来自顾客对解
决方案的功能需求及感觉所认定的满足，其中容易携带为上网本
的功能要求。当然这些满足还是要通过解决方案的特性去达成，
例如重量轻及体积小的上网本满足容易携带的要求。所以解决方
案的特性必须满足顾客需求才可以产生顾客效益，如此顾客效益
才可以真正创造顾客价值，这也是说顾客不是付钱购买商品（产
品或服务），而是购买经由解决方案所能达成的使用效益与感觉
效益的原因。

　　方案提供者可以借由方案测试或顾客调研去发现那些对顾客极为重要的少数特性，这些特性往往又是影响顾客购买的关键因素，再利用这些要素去驱动营销、服务、包装、定价、品牌等策略，形成解决方案比竞争方案优越的差异化。而其中竞争对手最难以超越的差异化便是品牌所代表的方案形象及个性，所以厂商经常借由品牌塑造来强化解决方案对顾客的感觉效益，提升顾客价值。图 1 说明 Aspire One 如何转化从特性到效益再到价值的过程。

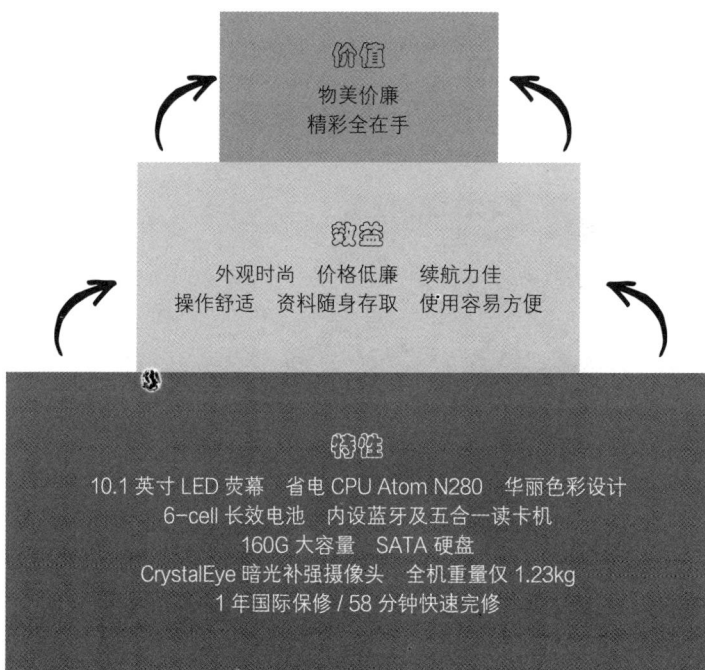

价值
物美价廉
精彩全在手

效益
外观时尚　价格低廉　续航力佳
操作舒适　资料随身存取　使用容易方便

特性
10.1 英寸 LED 荧幕　省电 CPU Atom N280　华丽色彩设计
6-cell 长效电池　内设蓝牙及五合一读卡机
160G 大容量　SATA 硬盘
CrystalEye 暗光补强摄像头　全机重量仅 1.23kg
1 年国际保修 / 58 分钟快速完修

图 1　Aspire One 的"特性→效益→价值"

再以上网本为例，华硕的 Eee PC 虽然是最早的上网本，但是宏碁的 Aspire One 却马上成为后来居上的市场领导者，原因在于当时所有上网本的产品规格都已标准化，产品特性几乎没有差异化，使用效益很难区别及提升，所以宏碁在推出 Aspire One 时就特别着重于外观设计及营销策略，选用性能较低但目标顾客较不注重的技术来降低价格，并以外观时尚与物美价廉作为差异化的重点，邀请名人及名模代言，强调 Aspire One 对顾客的感觉效益，塑造 Aspire One "精彩全在手"的价值诉求与品牌形象。所以，如图 2 所示，华硕所产的缺乏差异化的上网本只能被取而代之了。

图 2　缺乏差异化的上网本最终只能被取而代之

⌛ 神奇的"感觉效益"经常会主导高价值创造

一般而言，感觉效益所占顾客价值的比率远大于使用效益，主要原因在于人的购买行为往往是感性大于理性，特别对"买得起"的消费者而言，消费商品的目的在于满足较高的心理层次需求。就像鼎泰丰的顾客愿意花更高的金额及更长的时间排队去享受"小吃精品店"的小笼包；就连折扣优惠的营销技巧也是在满足顾客"贪小便宜"的心理需求，让顾客产生"捡到便宜"的感觉效益。

如图 3 所示，满意度高的解决方案是同时满足顾客的使用及感觉需求，不仅顾客愿意再次购买，也会推荐其他顾客购买，传播购买口碑；如果使用效益不如顾客的预期，顾客问题没有解决，就会引起顾客投诉或抱怨。只要照顾好顾客的感受，好好跟顾客说明、解释与沟通，顾客通常仍可接受感觉效益，还是会愿意给方案提供者补救机会的；但是顾客的使用效益再好，如果感觉效益很糟，例如贩卖优质产品的服务人员态度不佳，常与顾客争吵，顾客是不会愿意"花钱找罪受"的，宁可多花一点儿钱，少受一点儿罪。所以解决方案必须重新打造，强化感觉效益。最糟糕的解决方案就是没有使用效益，也没有感觉效益。顾客是不可能花钱购买对自己没有任何效益的东西的。

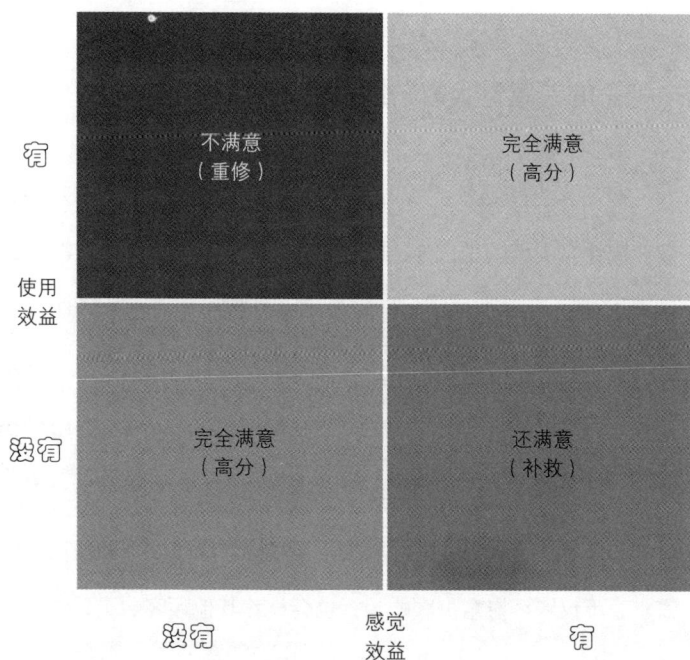

图3　感觉效益大于使用效益

感觉效益往往大于使用效益还有另一个原因——顾客的感觉才是决定顾客终生价值（Customer Lifetime Value, CLV）的最关键因素。

CLV=平均顾客价值 X 购买频率 X 时间

CLV 即是顾客终其一生能带给企业的总价值，由顾客一生购买厂商提供方案的频率及金额决定。如图 4 所示，顾客的感觉效益主要来自厂商的服务及营销，感觉效益又主导顾客关系及顾客满意度，因而影响顾客的忠诚度、厂商及方案的形象与口碑，进而影响顾客购买的频率及金额。举 Apple 的 iPhone 为例，无论手机科技如何演化，或者竞争手机功能是否优于 iPhone，全世界始终有一群庞大的 iPhone 粉丝，"毫无理性"地疯狂支持 iPhone，关键因素就是 iPhone 对粉丝造就的感觉效益。

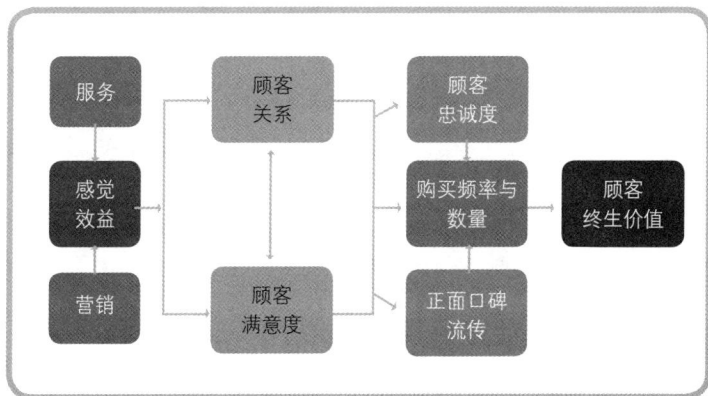

图 4　感觉效益主导高价值创造

所以顾客想要的解决方案通常牵涉到人类的情绪面和感知面，这些感觉需求可以借由解决方案的营销及服务的配套措施来满足。如图 5 所示，顾客的感觉效益主要来自满足下列马斯洛"在最底

层的生理需求以上之各种层次的心理需求"。表 2 列出感觉效益

所能满足的心理需求：

表 2　马斯洛需求层级的感觉效益

层次	需求	感觉效益	例如
自我实现	顾客想要的是自我掌控，自我挑战，满足自我实现的需求。	自己决定、自己控制、自己操作、自己解决问题。	闯关提升的机制。
自尊	顾客想要的是特别待遇，优惠尊重，受人尊重，满足自尊的需求。	是独特的，以稀为贵、以少易多、比他人多。	VIP 服务。
爱与归属	顾客想要的是伙伴关系，福难共享，满足爱与归属感的需求。	不一样的、可归属的、可相信的、亲近的、长久的。	会员俱乐部。
安全	顾客想要的是便利舒适，避免风险，满足安全感的需求。	不花时间、容易方便、不费体力、不伤脑筋、不受威胁。	网络购物。

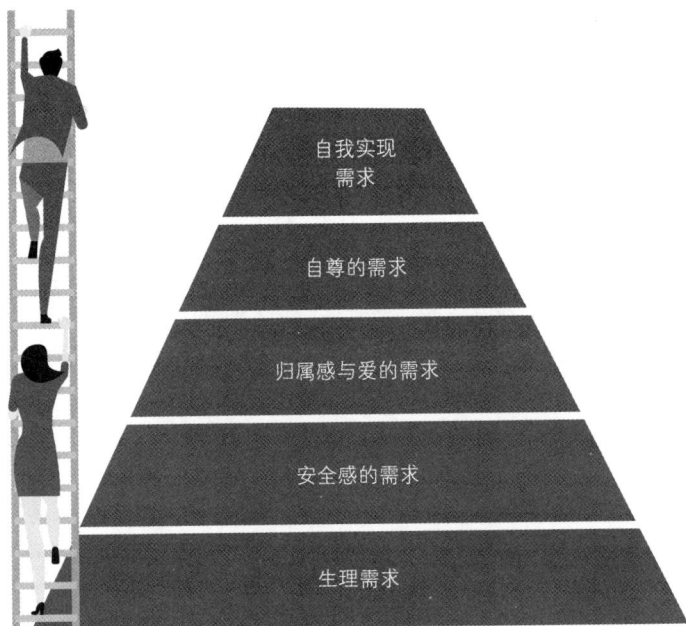

图5　马斯洛的需求层级

⌛ 商业效益

　　上述的使用效益及感觉效益主要是满足顾客购买及使用方案的需求。唯有如此，顾客才愿意付钱购买，方案也才会因为顾客购买而为企业创造营收，所以任何解决方案除了必须产生顾客效益外，也必须对方案提供者产生商业效益。若是顾客效益无法转换成商业效益，或是顾客效益的最终收入没有大于投入解决方案的成本，就等于方案提供者在亏损经营，如此就无法持续投资或提供解决方案。

顾客效益与商业效益是一体两面、相互支持的，顾客效益等于解决方案加满意度。顾客对解决方案的满意度愈高，顾客效益就愈好，效益愈好就愈能创造顾客价值；而创造顾客价值其实就等于在创造企业价值，顾客价值愈好，愿意购买或使用的顾客就会愈多，顾客愈多就愈能创造商业效益，商业效益愈好，就愈能创造企业价值；企业价值愈高，代表企业可以投资创新方案的资源愈多，创新方案愈多，就愈能产生顾客效益，如此创造顾客价值与企业价值就形成一种相得益彰的良性循环。

商业效益代表对方案提供商所能产生的好处。举例而言，如果企业预期老人智能手机可以产生 10 亿的市场，但果真因为顾客满意度高而卖出 10 亿的手机，就表示企业所研发的手机对企业产生了商业效益。如果预期 10 亿，而实际结果是 20 亿，那商业效益就更大了。即使是企业投资的内部解决方案也必须产生商业效益，例如手机制造商为降低生产成本，因此投资新制程的研发，若是新制程无法达到降低成本的预期目标，代表新制程的使用效益没有产生，当然就没有产生手机制造商所预期的商业效益，制程创新的目的也就没有达成。

　　商业效益讲究的是对企业案主的投资回报率，这些企业案主通常是方案购买者或提供者，所以在描述商业效益时应该说明投资前后的改变。举例而言，A公司购买B公司的库存管理系统，导入实施1年后，为A公司减少500万的库存成本，这500万的库存成本就是A公司的商业效益；又或者C公司所开发的智能手机为该公司每年创造100亿的收入，这100亿就是C公司的商业效益。通常企业投资研发或购买解决方案，会设定预期的商业效益，以检视企业的投资回报率。以下是企业案主可能设定的商业效益：

- 增加20%收入
- 增加1倍利润
- 扩大10%市场占有率
- 增加50%销售量
- 缩短30%获利的时间
- 提升5%顾客服务满意度
- 通过服务质量认证
- 增加50%现金流量
- 提升员工的专业技能
- 减少1/2产品库存

- 缩短1/3新产品周期
- 减低产品进入市场障碍
- 加强30%产品效能
- 提升30%公司经营效率
- 提高公司投资回报率1.5倍
- 让公司进入新事业领域
- 妥善解决公司重大问题
- 增加40%顾客重购率
- 入选台湾地区十大品牌
- 零重大顾客抱怨次数

⌛ 效益评估

　　"顾客效益"是指方案特性达成功能及感觉要求的程度；"商业效益"是顾客效益衍生对企业案主的实质报酬。无论是顾客效益或商业效益，都必须明确且可量化，才能具体说明解决方案所能创造的顾客及企业价值。但是要如何知道有这些效益的产生？根据上面提到的效益，我们可以设定不同的评估指标，如表3的说明，使用不同的评估方式，可以进行不同的效益评估。

　　第一种叫作顾客感觉效益，强调的是顾客在购买及使用方案后的回应及感觉。无论是以技术、产品或服务为主的方案，最终都须回归于顾客的感觉。即使是制造厂商，也要注重下游商家的顾客关系及顾客满意度。有几种方式可以评估顾客的感觉好不好：一为设计问卷进行调查；二是挑选重要顾客进行访谈；三是从推荐指数知道顾客是否推荐你的解决方案，如果推荐指数愈高，通常代表顾客感觉效益愈好；四是如果顾客的重购率高，通常就代表感觉效益好，否则顾客不会愿意"重蹈覆辙"。

　　第二种是解决顾客问题的使用效益，假如承诺顾客使用方案后会更安全，就可以测试或观察使用方案后是否真的更安全，甚至方案在开发出来后直接做检测是不是符合安全的规格，如此可以知道方案的特性或性能是否可以满足功能需求，以及是否能够产生使用效益。

第三种是对企业案主的商业效益，借由实际的营运及财务结果，与营运及财务目标作比较，了解是否产生商业效益。

表 3　不同的效益评估

效益类别	强调重点	评估方式
顾客的感觉效益	顾客回应及感觉	·问卷调查 ·顾客访谈 ·推荐指数 ·重购率
顾客的使用效益	方案特性及性能	·特性测试 ·使用测试
案主的商业效益	财务及营运指标	·实际营运结果 ·财务预测 ·投资效益预测

企业的经营管理有个守则："没有评估就没有管理。"亦即任何经营成效如果无法量化评估，就无法进行管理。即使是抽象的管理概念，例如无形的企业形象或品牌价值，也都可以量化成有

形的评估指标。就像台湾地区每年都会公布的企业形象或品牌价值排名，所以每种效益都可以量化，最简单的量化指标就是 0 与 1 所代表的没有或有。如果解决方案的预期效益不能量化，那就代表效益无法衡量，也代表方案所能创造的价值无法确认，案主就应该审慎考虑要不要投资！

Chapter 11

有创业念头的你不能不知道！
——"NSDB"在新创事业的
应用

　　小王被 H 公司升任为创新研发处处长后，便聘请老王担任公司的创新顾问，传授老王在工研院开发之"NSDB"创新模式与方法，并广泛地将"NSDB"应用在公司的技术研发领域，获得不错的评价与成果，屡屡超越公司交付的研发绩效目标。

　　在学习"NSDB"后，小王体会到创新研发处的真正使命为公司创造新价值，而不是以往认知的在创造新技术而已。小王也理解到创新的关键在于创新构想的价值主张，创新的过程必须是技术发展与商业发展齐头并进，才能将技术价值转化为让公司不断成长的商业价值。

　　同时，H 公司为了提升永续发展的整体竞争力，成立新事业企划处，希望将创新研发成果以新创事业的模式成立新事业单位或衍生子公司，促成 H 公司的多角化经营与持续发展。由于新事业企划处处长小高见识到"NSDB"在创新研发上的成效卓著，所以商请小王的引荐，向老王请教"NSDB"在新创事业的应用……

⧗ 高价值创造的 S 曲线

创新的目的在创造顾客价值，顾客不会愿意购买对他们没有价值的商品（有价格的顾客方案）。顾客价值代表顾客从商品获得的效益减去或除以顾客付出的成本，因此顾客效益必须大于顾客成本，才会创造出顾客价值。效益来自于顾客对需求的满足，任何顾客方案皆必须根据顾客需求发展。通常，愈能满足顾客需求的方案，顾客愈愿意购买，或愿意付出愈高的成本购买。但是如果顾客方案与竞争方案没有差异，亦即方案产生的顾客效益与竞争方案类似，顾客就愈容易选择价格较低的方案。

因此，创新的意义是能够推出更具有差异化且更能满足顾客需求的顾客方案，而只有如此才能为顾客创造更高价值，顾客才会更愿意购买对他们有更高价值的商品，企业也才能因为顾客更有意愿购买所提供的商品而获得更大的商业效益。当企业的商业效益远大于企业付出的商业成本，才更能创造企业本身的价值，这是高价值创造最基本的模式，也是 "NSDB" 创新模式的真正含义。

"NSDB" 创新模式在于为顾客及企业创造高价值，但就创新的过程而言，创新在于将创新构想（创意）发展为对顾客有价值的顾客方案（技术、产品、服务或系统）。一旦顾客方案经由商品化的手段转变成有价格的商品，就会在目标市场推出，并经由营销的手段来捕捉商品的市场价值，通常为持续创造及捕捉商品价值，创新团队会着手新创事业（创业），以达永续经营商品的目的，这就形成价值创造的 S 曲线。

如图 1 所示，价值创造的起始点为创意，价值创造的过程为创新，价值创造的延续为创业；从创意到创新再到创业的每一阶段所创造的价值呈现出 S 形状，每一条 S 曲线就代表一个新创事业的价值创造过程。

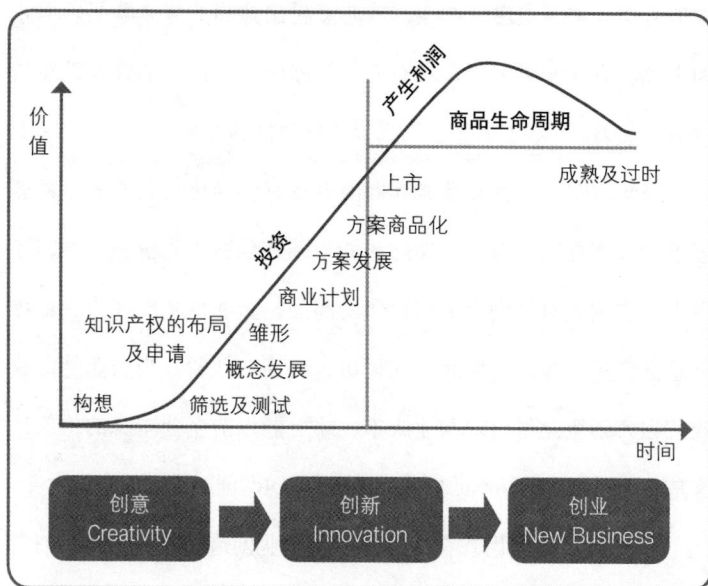

图 1　"三创"阶段的价值创造曲线

一个可以真正创造价值的创意，是从众多构想中筛选及测试出来的，并发展为具体概念，了解其商业机会及潜力。若是该构想具有商业价值，可以通过雏形，验证技术及市场的可行性，而且就可能的商业价值，进行知识产权的布局与申请，以保护其商业价值在未来不被侵犯。然后开始进行创意的商业规划，将创意发展为对顾客有价值的解决方案，并通过商品化的手段将顾客方案转化为可以在交易市场买卖的商品。

商品一旦上市，便进入所谓的"商品生命周期"，会面临市场的挑战与竞争，接受"市场丛林法则"的考验。所有的商品都会经历类似抛物线的生命周期，只是抛物线的幅度及长度不同而已。所以企业要将商品转化为可以永续经营的事业，确保商品具有市场竞争优势。这样做，不仅可以在市场持续存活，还可以不断为企业创造价值。

价值创造的曲线从创意阶段开始，历经创新阶段，再到创业阶段，形成"三创"的S曲线。当商品开始进入到生命周期的衰退阶段，也就是在商品已经成熟或开始过时，处

在生命周期的高点时，企业就应该开始进行另一波的价值创造，这可以在既有的S曲线上延生出一个新的S曲线，或者重新开始打造另一个全新的S曲线，如图2所示。企业唯有如此持续不懈地启动"三创"的S曲线，也就是通过创意、创新及创业，源源不绝为顾客及企业本身创造价值，才能长青不朽，永续存在。

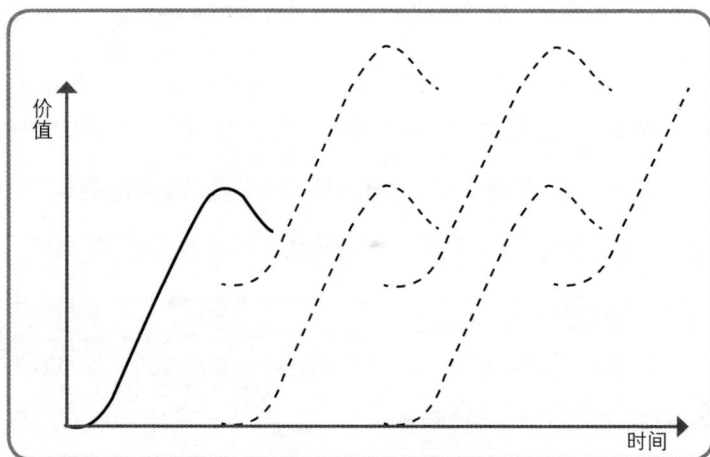

图2　企业持续创造价值的模式

⧗ 运用"NSDB"打造价值主张

任何创新的成果都是市场的顾客需求与企业的技术能力之交集，因为创新必须发展满足顾客需求的新解决方案，一方面企业

要很清楚地了解市场趋势及顾客需求，另一方面企业要有足够的
技术能力打造出与竞争对手有差异化的解决方案，顾客需求与技
术能力两者缺一不可，所以说价值创造是商业发展与技术发展齐
头并进的过程（如图3所示），两者交集的共同点就是对顾客的
价值主张。若没有价值主张来引导创新，创新所需要的商业发展
与技术发展容易失衡，在商品化的过程经常造成有技术价值的商
品没有足够的商业价值，或者有商业价值的商品因技术价值不足
而失去竞争优势。

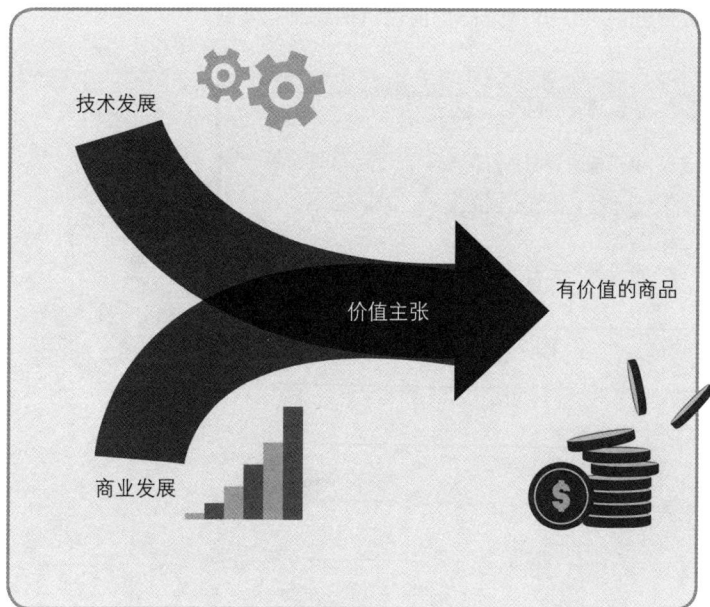

图3　价值创造须技术发展与商业发展并重并行

创新成功的关键在价值主张，也就是要回归到顾客价值创造的基本问题：你的顾客价值主张是什么？你的顾客是否愿意以特定价格购买你所提供的方案？你的方案是否可以满足顾客重要的需求？你的方案是否可以解决顾客重要的问题？你的方案是否具有独特的差异化？你的方案是否可以产生实质的顾客效益？换言之，高价值创造之道在于提出洞悉顾客需求（Needs）的解决方案（Solution），并通过与竞争对手的差异化（Differentiation），为顾客创造最大的效益（Benefits），简称为"NSDB"价值主张（如图4），而连接 N–S–D–B 就是高价值创造的思维与实践。

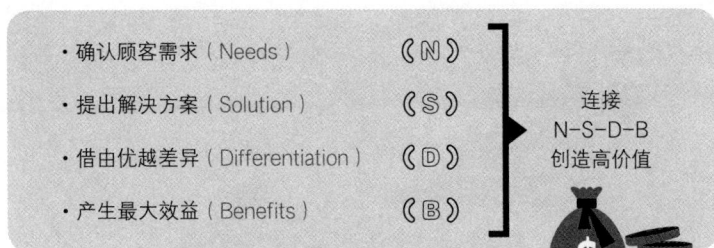

图4　"NSDB"价值主张

若以 Apple 于 2003 年所推出的 iPod+iTunes 顾客方案为例，其
"NSDB"价值主张的组合就会如表 1 所呈现的样貌。

表 1　iPod+iTunes 顾客方案的"NSDB"价值主张

目标顾客：追求时尚的音乐聆听者			
Needs	**Solution**	**Differentiation**	**Benefits**
·能方便存取喜爱的歌曲，而非整张专辑。 ·储存容量够大、操作界面容易、易于携带。 ·合法且便宜的音乐文件。 ·外观时尚。	·推出 iTunes 音乐播放软件及音乐下载平台。 ·iTunes Music Store 可下载具有版权的 0.99 美元音乐单曲。 ·iPod Classic 储存容量为 5GB，重量仅约 200 克。 ·iPod 与 PC 连接时，PC 会自动将 iTunes 的音乐数据库与 iPod 同步。	·iPod 的体积小，携带方便，而且储存容量大（首版的 5GB 约可储存 1,000 首音乐）。 ·iTunes 所代表的是一个全世界最庞大的音乐数据库，无论热门或冷门，消费者可挑选自己喜爱的音乐聆听。 ·iPod+iTunes 创造出无与伦比的音乐享受风格。	·开辟一个其他厂商难以撼动的随身数位音乐播放器及在线音乐聆听的创新商业模式。 ·至 2011 年，iTunes 的音乐总下载量已突破 160 亿，而 iPod 的销售量也累积超过 3 亿台。
价值主张诉求：引领时尚的随身音乐享受			

⧖ "NSDB"成功的关键问题

连接 N–S–D–B 打造价值主张是"NSDB"最基本的应用，如果套用"NSDB"金三角分析模式（如图5），任何创新构想可以 N–S–D–B 四个阶段的分析，检验创新构想是否可以创造高价值。而在 N–S–D–B 的每一阶段都要回应如表2的关键问题，以确认创新构想是可以发展为具有市场价值的商品，在市场可以赢得顾客的青睐。

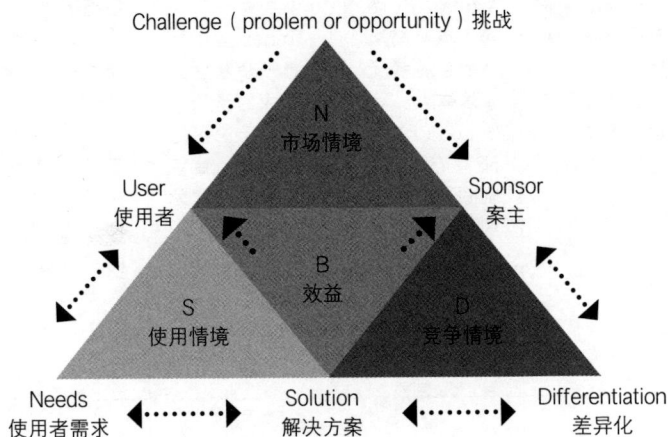

Challenge（problem or opportunity）挑战

N
市场情境

User
使用者

Sponsor
案主

B
效益

S
使用情境

D
竞争情境

Needs
使用者需求

Solution
解决方案

Differentiation
差异化

图5 "NSDB"金三角分析模式

表2　N-S-D-B 四个阶段的关键问题

需求分析 N	方案分析 S	差异分析 D	效益分析 B
·案主（投资者）是谁？案主的期望为何？ ·目标使用者是谁？有哪些共同特质？ ·目标使用者的重要问题为何？ ·这些重要问题的市场需求为何？ ·市场规模有多大？	·使用者对解决方案的感觉及功能要求为何？ ·解决方案所呈现的特性是否满足使用者的感觉及功能要求？ ·是否能将解决方案视觉化/雏形化以验证技术可行性？	·解决方案与竞争方案的差异是否足够明显？ ·解决方案的差异化所产生的技术特性是否比竞争对手优越？ ·方案的差异化是否可受知识产权保护？	·使用者使用解决方案后所获得的效益有哪些？ ·解决方案能够带给"案主"哪些效益？ ·效益是否能以数字或具体的方式呈现？

创新团队可以应用"NSDB"金三角来分析创新构想是否可以创造高价值，并借以打造出连接商业发展与技术发展的"NSDB"价值主张。如果创新团队想要将商品事业化，以验证过的商品价值开展新创事业，并寻求创业投资者投资新创事业，创新团队应

该特别检核以下问题，以确认对"NSDB"价值主张的信心度：

1. 目标市场区隔是否已明确地定义？

2. 是否已确认目标顾客的重要需求？

3. 解决方案是否针对顾客需求并可以被顾客了解？

4. 解决方案的要求与效益是否已充分定义？

5. 满足顾客需求的技术特性是否与竞争对手有显著的差异？

6. 潜在商业效益至少超过投入成本的 5 倍以上？

7. 现在是否是最佳的进入市场时机？

8. 进入市场的策略与渠道是否够快、够有效？

9. 价值主张对顾客而言，是否简洁与具有吸引力？

10. 商业模式对案主而言，是否足以说明新事业如何获利？

11. 你是否有热情，坚定提倡你的价值主张与商业模式？

12. 你的新创团队是否有足够的商业发展能力？

除非创新团队对以上每个问题至少有五成以上肯定的答案，

并可根据商品的价值主张设计出有足够信服力的商业模式，否则先别贸然投入新创事业。

⧖ 运用"NSDB"在不同新创事业的简报

运用"NSDB"打造创新构想的价值主张，用以检视及验证创新构想的价值创造程度是"NSDB"的基本应用，无论在哪一个价值创造 S 曲线的时间点上，一旦创新团队决定启动创业，以新创事业来延伸及扩大创新构想的价值创造时，创新团队就需重组为具有商业发展能力的新创团队，并在开始就会面临募集创业资金的挑战。创新团队也需思考如何将资金运用在新创事业所需要的技术研发、商品化与事业化资源与活动上，同时撰写新创事业计划（Business Plan），简称 BP，阐述新创事业的发展规划。

　　然而，开展新事业的时间点愈是在 S 曲线的前面，募资的挑战就愈是艰巨，因为新创事业的种子与开花结果的距离愈远，从技术研发到商品化再到事业化的风险因素就愈多，当然对创业投资者的投资风险就愈高，因此新创团队必须懂得如何对创业投资者做简报，并制作简报投影片。在创业投资圈，对创投业者做简报称为 Pitch（推销演说），简报投影片称为 Pitch Deck，Pitch 通常是 BP 的精简版，最终的用意在于说服创投者愿意给予新创事业所需要的资金。

　　如图 6 所示，套用"NSDB"架构所做成的简报起始于"动之以情"，以解决目标顾客重要问题的同理心，从情感面发掘顾客需求的痛点，再用顾客角度阐明顾客问题的重要性与需求的真实性，并估算目标市场需求的规模，吸引投资者对目标市场的关注。然后"晓之以理"，运用发展顾客方案的逻辑条理，陈述方案如何有效解决顾客的重要问题，满足顾客的重要需求，并以"对照方式"的差异化分析，说明方案赢过竞争对手之竞争优势。最后"诱之以利"，以客观量化的数据，验证新创事业所能创造的商业价值，

强调方案对投资者所能产生的商业效益，勾勒新创事业的成功愿景，促成投资者的投资决定。

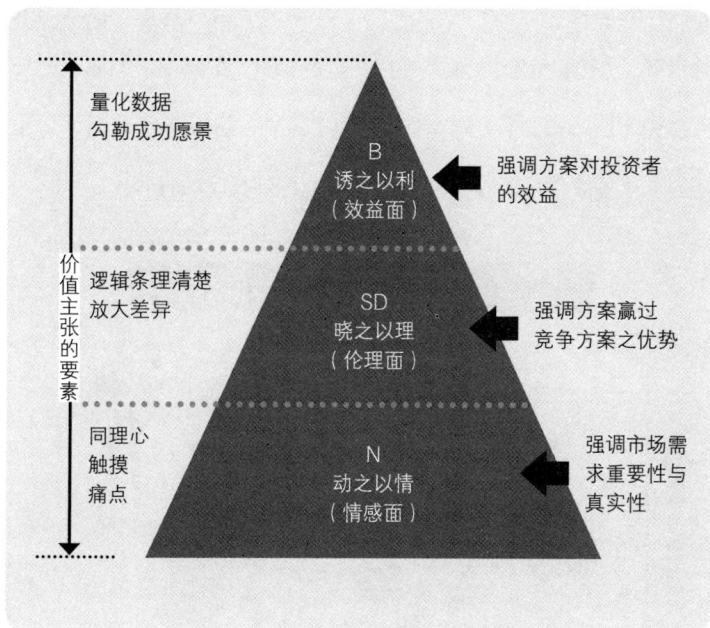

图6 "NSDB"简报重点的金字塔

成功的新创 Pitch 通常是三分机会、七分实力，创投者对新创团队的双方合意投资就像一对情人从相遇到相恋再到结婚的过程，双方能够相遇即是有缘。但有缘并不一定就能修成正果，而且世间鲜有"街头相遇"就一见钟情而立即结婚的案例，所以有时候凭着相亲的"媒妁之言"反而更能促成姻缘。所以台湾地区存在

许多的创投媒介平台、机制与场合。但是无论如何，机会只留给
有准备的人，新创团队一定要随时随地准备好新创 Pitch 及简报！

一般而言，根据 Pitch 的场合、对象与时间的长短，以及主要
的目的，新创 Pitch 可分为三种：电梯演说（Elevator Pitch）、展
示演说（Demo Pitch）与完整演说（Full Presentation）。图 7 显示
新创事业争取创投者投资从心动到感动再到行动的过程。

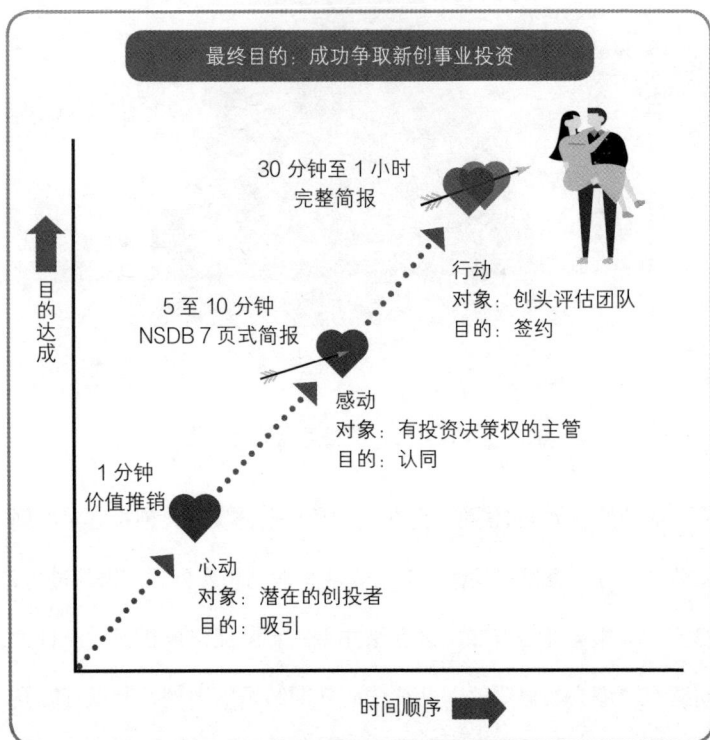

最终目的：成功争取新创事业投资

目的达成

时间顺序

30 分钟至 1 小时
完整简报

行动
对象：创头评估团队
目的：签约

5 至 10 分钟
NSDB 7 页式简报

感动
对象：有投资决策权的主管
目的：认同

1 分钟
价值推销

心动
对象：潜在的创投者
目的：吸引

图 7 "NSDB"的三阶段简报应用

① 电梯演说

　　电梯演说的目的是在很短的时间内呈现新创事业的价值主张，吸引潜在创投者的目光，令创投者心动，因而愿意提供下一次见面的 Pitch 机会。电梯演说的时间从 30 秒到 1 分钟皆有，通常发生在与潜在创投老板"偶遇"的场合，例如在创投机构的电梯里，所以称电梯演说。这种场合就像一个男人在电梯里偶遇一个心仪的女人，想办法在最短时间内让女人对他建立良好印象，因而说服女人愿意给他第一次约会的机会。

　　电梯演说通常是一段简洁有力、精心设计及事先演练过的演说，所以能够在最短的时间（搭乘电梯的时间）内吸引潜在的创投者愿意投资你的新创事业。电梯演说通常是新创事业对创投者最具经济效益的"价值主张"，演说内容必须简单明了到连清洁电梯的工人都能心动，所以要避免使用晦涩难懂的技术性言语。另外，

电梯演说并不是卖膏药的演说，忌讳华而不实的推销术，演说重点在于呈现对创投者的可能商业效益，例如投资回报率，目的在吸引创投者的兴趣，愿意给你进一步的说明机会。表3为"NSDB"电梯演说的工作表，表4则以"全温层物流"为案例，制作"NSDB"电梯演说的内容。

表3　"NSDB"电梯演说的工作表

开场：钓饵（Hook） 吸引潜在顾客的注意力，引发他对议题的兴趣。			
内容：聚焦（Focus） 以"NSDB"说明这位潜在顾客为什么要购买你的解决方案。			
Needs	Solution	Differentiation	Benefits
结语：下一步（Request for Action） 提出你所要的下一步，制造后续行动的机会。			

表4　"NSDB"电梯演说范例——多温共配物流

对象：达融货运王董事长 开场（Hook）： 王董事长，我知道冷冻车的进口关税和油料费费用占成本支出的50%，在美国只占40%，您最近一直在思考降低物流成本、提升配送效率的方法。

续表

Needs	Solution	Differentiation	Benefits
现在的冷冻车进口关税高，不仅耗油不环保，而且使用寿命短；再者，一台冷冻车只能配送一种温度的物品，配送效率低	我们开发了多温共配技术方案，可以将蓄冷箱搭配多种温度的蓄冷片，放在同一部普通货车内，可同时间配送不同温度需求的物品	这套多温共配技术方案为全世界独一无二，拥有45件专利及29项商业机密	最重要的是这套方案可以省去进口冷冻车关税成本，降低50%的冷冻车耗油成本，提升货品配送率35%

结语（Request for Action）：
能资所为达融货运设计了一套能够节省成本，创造利润，还能超越其他厂商的做法，下星期能否和您约个时间到贵公司报告详细的内容？

② 展示演说

展示演说的目的是在有限的时间内展示出新创事业的商业价值，争取台下创投业者对新创事业的认同，促成创投者初步的投资决定。展示演说的时间从 5 分钟到 10 分钟皆有，通常发生在创投媒介、创业竞赛或募资路演的场合。展示演说就像模特儿在舞台上走秀，一定要秀出所展示服装的特质与内涵，进而感动台下评审而被给予佳评及高分。

展示演说通常是争取创投者投资最关键的演说，每一次展示演说都是在考验创投者对新创事业的认同与信心。一个成功的展示演说能帮助新创团队在短短的几分钟内募集到新创事业要加速成长的资金，所以新创团队必须对每一次展示演说都有充分的准备。

由于展示演说大多有时间的限制，也就是如果演说者不能在演说时间之内说服台下的创投者认同新创事业的商业价值，那就是失败的展示演说。基本上，展示演说要在5—10分钟内以新创事业解答"NSDB"金三角分析的关键问题（参照第11章表2），还要说明商业模式的获利能力与新创团队成员的经营能力，并将演说内容制成7—10页的简报投影片。下图以7页的"NSDB"简报为例，呈现展示演说的简报内容。

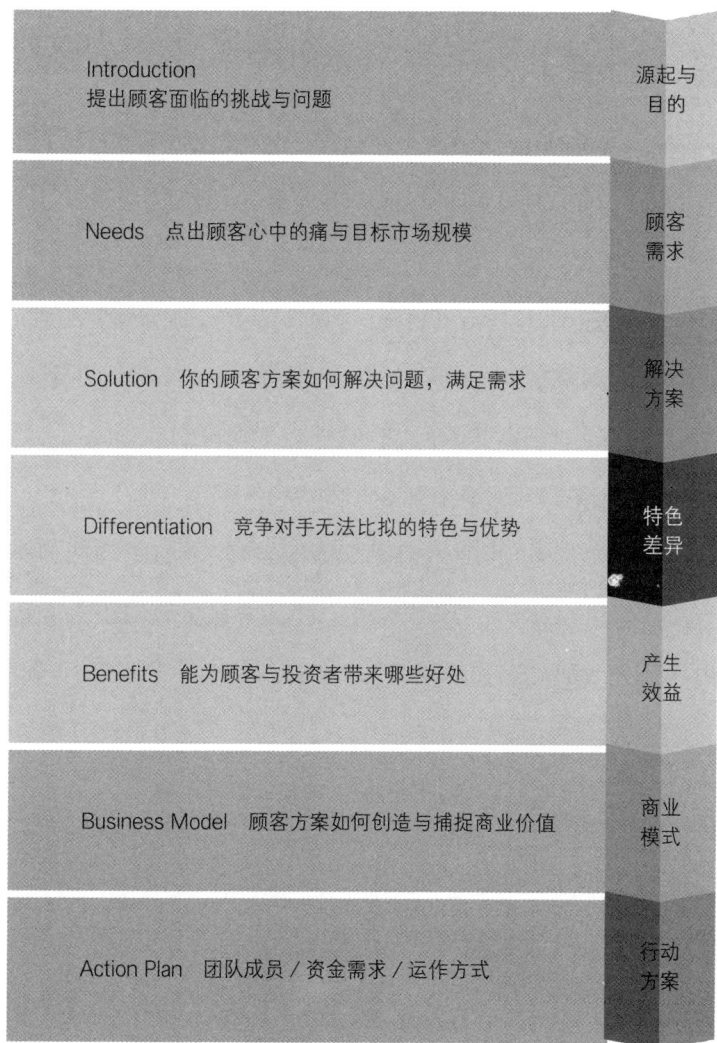

图 8　以"NSDB"架构为基础的展示演说简报

③ 完整演说

完整演说的目的是在充分的时间下，完整说明新创事业计划书（BP），促成创投业者对新创事业的承诺，最后采取签约行动投资新创事业。

完整演说的时间从半小时到 1 小时皆有可能，通常发生在创投业者已经认同新创团队的展示演说，并经过几轮的讨论后，对新创事业有一定程度的投资意愿，开始进行尽职调查（Due Diligence）之时。尽职调查，除了向新创团队索取完整的新创事业计划书外，创投者经常会请新创团队对创投评估团队进行完整的 BP 简报，查验新创事业的实际现状与未来规划，确认双方都没有问题后才会签约。就像男女朋友经过一段时间的相恋，双方都有一定程度的承诺，并对双方的过去、现在与未来摊开讨论与了解，最后才会决定结婚。表 5 为以"NSDB"为基础之完整 BP 简报的内容大纲。

表 5　完整 BP 简报的内容大纲

封面：标题、提案对象、提案单位、时间		
大纲：简报内容大纲		
顾客需求 （N）	源起	提案背景、动机与内外环境分析
	市场分析	市场现状与趋势、主要竞争者
	目标市场	市场区隔、目标市场设定与规模
	顾客需求	目标顾客描述与顾客需求分析
解决方案 （S）	方案雏形	以图形、影视或动画的方式呈现方案
	方案分析	方案如何满足顾客需求
特色差异 （D）	技术分析	支持方案特性之技术及可行性
	竞争分析	以差异化分析说明方案的竞争优势
	知识产权	申请或拥有的知识产权
产生效益 （B）	使用效益	顾客使用方案所产生的效益
	商业效益	顾客购买方案为企业所产生的收益

商业模式：以价值主张为核心的获利模式		
营销规划：如何扩展目标市场的营销策略		
财务规划：资金需求、经费分配、未来1—3年的收支预估		
资源运用	新创团队	新创团队核心成员与资历
	组织	组织架构与人力分配
	时间	实施时间表、节点、阶段目标成果
风险管理：可能的风险因素、因故无法施行的替代方案、紧急应变方案		

⧗ 什么是商业模式？

如同创新的基础为价值主张，创业的基础为商业模式。就价值创造的观点而言，创新的目的在于创造顾客价值，价值主张则在于说明顾客价值的根本，而商业模式的目的在捕捉商品的商业价值，进而为企业持续创造价值。因此，商业模式及其创新是企业——特别是新创事业——得以永续经营的关键。商业模式必须视市场变化及经营状况而随时调整，达到创新商业模式的目的。然而，许多的企业主及经营主管因为不了解什么是商业模式，没有充分掌握企业或商品的商业模式，亦即商业模式的根据、结构、关系、优势及劣势，因而错失商业模式创新的契机。

"商业模式"一词首见于20世纪50年代，于20世纪90年代开始广泛使用。一般人将商业模式定义为一种创造营收（Revenues）与利润（Profits）的手段与方法。但是如此简述的定义容易使企业的经营思维沦入只考量如何赚钱的陷阱，而忽略事业永续经营所需要投入的资源及基础设施。为此，开放式创新的提倡者亨利·切萨布鲁夫（Henry Chesbrough）提出商业模式的要素：

1. 确认市场区隔

2. 阐述顾客方案的价值主张

3. 注重方案的关键属性

4. 定义方案提供的价值链

5. 设定顾客付款的方式

6. 建立商业模式能持续运作的价值网络

为让商业模式易于设计与创新，商业模式顾问亚历山大·奥斯特瓦德（Alexander Osterwalder）开发出商业模式画布（Canvas），如图9所示。此画布以顾客方案的价值主张为中心，阐述商业模

式的 4 个构面及 9 个要素彼此之间的关系与流程，表 6 则说明商业模式的 9 个要素的内涵。企业可以就提供给顾客的每一项商品的价值主张为核心，以商业模式画布的架构，解析既有商业模式，或者设计新的商业模式，进而达成创新商业模式的目的。商业模式画布通常用于解释商业模式如何为企业创造与捕捉商业价值。

1 **顾客价值创造企业收益**：企业根据价值主张区隔顾客需求，通过顾客关系及经销渠道提供目标顾客有价值的商品，其所建立的连接关系，将因顾客的购买为企业带来利润。

2 **创造价值需要关键资源与活动**：企业必须联结合作伙伴、安排关键资源与从事关键活动，以实现对顾客的价值主张。

3 **关键资源产生成本**：企业成本来自于每日运行的活动执行、维持伙伴关系的资源投入。

4 **评估商业模式可行性**：比较获利收入与成本的差异及来源，评估商业模式获利的程度，了解商业模式创造企业价值的可行性。

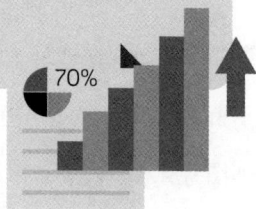

70%

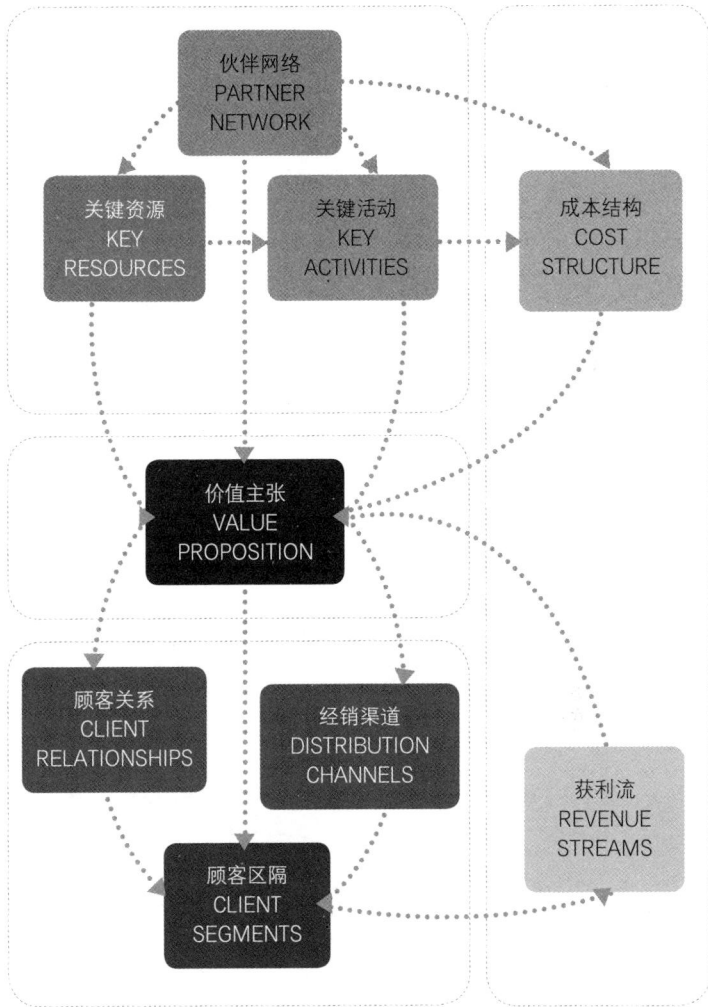

图 9　商业模式画布

表6 商业模式画布的说明

构面	要素	说明
方案提供	价值主张	公司可以提供给顾客具有实用效益的服务
顾客	顾客区隔	公司提供价值与服务给具有共同特质的顾客群
	经销渠道	与顾客进行沟通和销售的渠道
	顾客关系	公司与顾客建立之连接与关系
基础设施	关键活动	为创造顾客价值，一再重复执行各种作业，可能包括：销售、服务、训练、研发、制造、规划等
	关键资源	创造顾客价值所必需的人员、技术、产品、设施、设备、通路与品牌等，重点在为顾客与公司创造价值的部分
	伙伴网络	两家或多家公司协议合作的网络
财务	成本结构	总结商业模式运作的财务投入
	获利流	描述赚钱的收入流程

表7为以需要低温、冷冻物流的厂商为对象，运用商业模式画布所解析出来的"全温层物流"商业模式。值得注意的是，这不是"以营利为目的"的商业模式，因为工研院本身为有关部门所支持的应用研究机构，主要任务为协助产业的创新发展，商业模式皆以技术移转厂商为主，而不是直接与客户进行商业交易，避免"与民争利"。

表7 商业模式范例——"全温层物流"方案

伙伴网络	关键资源	价值主张	顾客关系	顾客区隔
·蓄冷片与蓄冷箱元件供应商 ·冷冻设备供应商 ·物流监控元件供应商	·蓄冷片与蓄冷箱 ·物流监控元件 ·冷冻设备 **关键活动** ·设计及提供定制化的多温共配系统 ·技术移转 ·维修及服务	最具环保、最省成本、最具配送效率的多温共配方案	·可靠、满意的方案提供 **经销渠道** ·主动拜访厂商 ·技术移转	需要低温、冷冻物流的厂商

成本结构	**获利流**
·成立方案提供单位之人力与运营成本 ·多温共配方案模块与元件成本 ·知识产权、技术流转与服务维护成本	·技术流转收益 ·技术服务收益

⧗ 运用"NSDB"设计创新的商业模式

商业模式的创新就是根据商品的价值主张改变既有的商业模式，或者设计全新的商业模式，目的在于提升及延续商品为企业创造的商业价值。约翰逊（Johnson）、克里斯坦森（Christensen）与孔翰宁（Kagermann）等学者在其《商业模式再创新》一文中论述，企业在构思商业模式之前，需要一张蓝图，思考什么是企业的市场机会，如何能够满足顾客想要真正把工作做好的需求，再画出一张蓝图，描述企业如何在有利润的情况下，满足那种需求。蓝图构成要素包括价值主张、利润公式、关键资源、关键流程，并且比较蓝图上的那个模式与企业目前的模式，了解要改变多少才能够抓住新的市场机会。这么做才会知道是否可以运用现有的商业模式与基础设施，或必须成立新事业单位来实现新的商业模式，为企业创造新价值。

在商业模式画布上，任何一个要素的改变都意味着商业模式的可能创新，但是任何商业模式要素的改变，若不能

为企业创造价值，也就是获利如果少于成本，就达不到创新的目的。套用"NSDB"的逻辑思维，图10中商业模式的创新主张就是"提出满足企业价值需求（N）的商业模式（S），并通过与既有商业模式的差异化（D），为企业创造最大的价值（B）"。

图10　商业模式的创新主张

　　企业价值需求来自企业所要达成的运营绩效，企业为了永续生存，必须不断检视及评估既有商业模式是否可以为企业持续创造价值，否则当企业的营收无法超越经营成本，企业是难以生存的。

　　举 Apple 公司为例，1997 年乔布斯被请回 Apple 担任 CEO，重新执掌公司的运营，就是因为当时 Apple 既有商品及商业模式的营收已无法支持公司的存续，所以乔布斯上任后，急欲开发新的商品及新的商业模式。而乔布斯推出的第一个突破性创新商品就是 iPod。就音乐随身听产品而言，iPod 仅是 MP3 播放器在技术上的渐进式创新，若是在音乐随身听市场与同类产品竞争，iPod 能够为 Apple 创造的价值有限。然而乔布斯的远见似乎不止于此，他打造了 iTunes 的数码音乐播放与销售平台，开创全新音乐随身听的商业模式，如表 8 所示。不同于其他音乐随身听产品以软硬件分开的技术创新为主，乔布斯整合软硬件与服务平台于一身的音乐随身听方案，造就了市场性创新的商业模式。当然"iPod+iTunes"方案所创造的价值远超过 iPod 产品与 iTunes 服务分开销售，也因此才让 Apple 的营运起死回生、重振 Apple 的声誉。

表 8　iPod 音乐随身听的商业模式

伙伴网络	关键资源	价值主张	顾客关系	顾客区隔
· 唱片公司 · 硬件生产商	· 电子商务 · 歌曲知识产权 · 歌曲	"引领时尚的随身音乐享受"	· 引领时尚 · 品牌忠诚	追求时尚的音乐听众
	关键活动 · 软硬件研发、设计、发展 · 品牌管理 · 硬件经销 · 音乐经销		**经销渠道** · Apple stores · iPod 销售商 · iTunes	
成本结构 · iPod 的经营成本 · iTunes 的构建与维护费用 · 付给数码音乐提供商的费用			**获利流** · iPod 收入 · 歌曲下载收入	

就商业模式创新的观点而言，iPod 真正的创新在于让数码音乐下载变得非常便利且便宜，音乐爱好者可以以单曲下载的模式购买喜欢的音乐，不再需要以传统方式购买整张专辑，而且 iTunes 无所不有的音乐库，也让使用 iPod 的听众可以随心所欲地选择及享受真正喜欢的音乐，加上这些歌曲都是版权所有者的合法授权，音乐聆听者也不用担心下载音乐的版权问题。此外，iPod 时尚的产品设计及 iTunes 前所未有的商业模式设计，使得 iPod 的使用成为时尚，真正实现了 iPod "引领时尚的随身音乐享受"的价值主张。

更重要的是，此创新的商业模式为 Apple 注入除 iPod 销售之外庞大的获利流，Apple 不仅成为全世界最大的数码音乐经销商，将整合软硬件、数码内容及服务平台的商业模式沿用于"iPhone+App Store"，也为 Apple 写下一章令人赞叹的创新传奇，更造就以"实体产品＋平台服务"方案为主的商业模式现今在各个商业领域的浪潮。

附　录

进一步阅读的参考文献：

· Levitt, T. (2006). Ted Levitt on Marketing. Boston: Harvard Business School Press.

· Maslow, A. H. (1943). A Theory of Human Motivation. Psychological Review, 50(4), 370–396.

· Christensen, C. M. (1997). The Innovator's Dilemma: When New Technologies Cause Great Firms to Fail. Boston: Harvard Business Review Press.

· Carlson, C. R., & Wilmot, W. W. (2006). Innovation: The five disciplines for creating what customers want. New York: Crown Business.

· Charan, R. and Tichy, N. (2000). Every Business Is a Growth Business: How Your Company Can Prosper Year After Year. New York: Times Books.

· Ulwich, A. W. (2005). What Customers Want: Using Outcome-

Driven Innovation to Create Breakthrough Products and Services. New York: McGraw-Hill.

· Porter, M. E. (1085). Competitive Advantage. New York: The Free Press.

· Chesbrough, H. W. (2006). Open Innovation: The New Imperative for Creating and Profiting from Technology. Boston: Harvard Business Press.

· Osterwalder, A. and Pigneur, Y. (2010). Business Model Generation: A Handbook for Visionaries, Game Changer, and Challengers. New York: Wiley.

· Johnson, M. W., Christensen, C. C.& Kagermann, H. (2008). Reinventing Your Business Model. Harvard Business Review. 87. 52-60.

· Kelly, T.（2008），《IDEO 物语》，徐锋志译，台北市：大块文化出版。

· 王之杰、杨方儒、张育宁、蔡佳珊（2008），《预见科技新未来》，台北市：天下文化。

Note

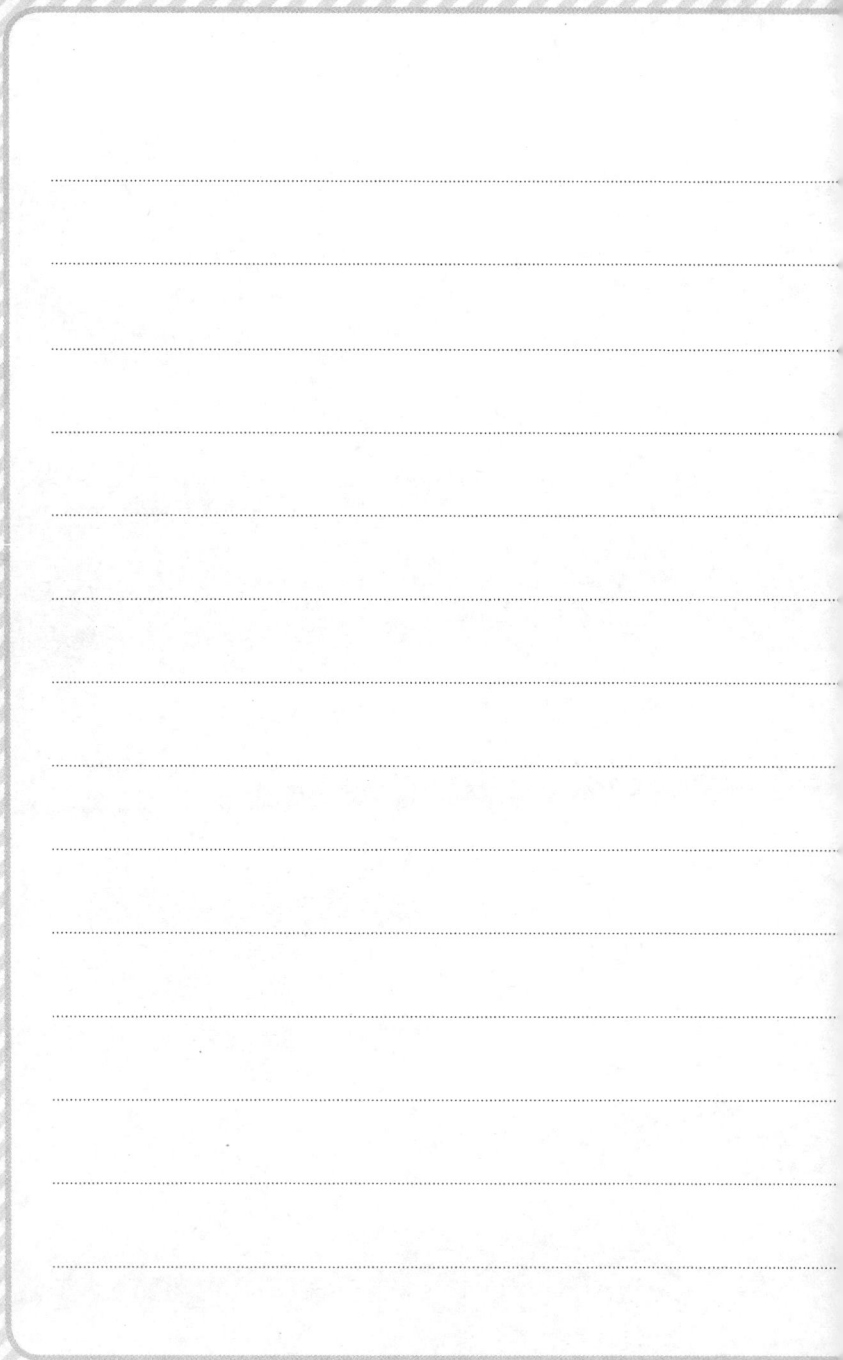